보육실습의 이해와 실제

Understanding and reality of practical educare

보육실습의 이해와 실제

김영희 장문규 윤정란 지음

(주)교문사

머리말

최근 우리 사회는 여성과 가족에 대한 가치관의 변화, 이혼율 증가, 저출산 심화 현상 등 사회 환경의 급격한 변화에 따라 보육에 대한 사회적 책임을 누구나 공감하고 있다. 특히 저출산이란 심각한 인구문제의 해결을 위한 핵심은 보육서비스의 내실화를 통한 보육의 질적인 향상이라고 본다.

보육의 질은 교사의 질에 달려 있다고 해도 과언이 아니다. 그러므로 보육교사에게는 보육 전문가로서 역할이 강조되고 있다. 영유아는 아직 사회생활에 익숙지 못하며 발달과정 중에 있는 미성숙한 상태이므로 더욱 세심하고 따뜻한 배려가 필요한 존재이다. 더욱이 보육교사는 영유아와 함께 장시간 생활하므로 그 역할과 영향은 매우 크다고 할 수 있다. 따라서 보육교사는 끊임없이 자기발전과 성숙을 거듭해가야 하며, 영유아를 사랑하고 존중하며 전문가로서의 확고한 신념과 사명의식을 가져야 한다.

이러한 관점에서 볼 때, 앞으로의 보육을 책임질 보육 실습생을 어떻게 양성해 갈 것인가 하는 문제는 매우 중요한 보육사업의 과제이다.

이 책은 아직 보육현장에 익숙지 않은 예비교사들을 위하여 보육실습에 필요한 기본적인 사항들을 정리해 보았다.

제1장 보육실습의 이해는 보육실습의 개념, 보육실습의 유형, 보육실습 관계자의 역할 등에 관한 내용을 정리하였고, 제2장에서는 보육실습의 실제로, 보육실습의 준비, 실습내용, 관찰실습 및 보육실습의 평가 등을 정리하였다. 또한 제3장에서는 보육실습의 보육계획안 작성에 관한 내용 및 부분수업과 교재교구제작 계획안에 관한 내용을 제시하였다.

부록의 '보육실습일지'는 보육실습생들이 현장실습 시 실제로 활용하고 기록할 수 있는 내용으로 제작하였으며, 필요시 다운로드 받아 사용할 수 있도록 준비하였다.

아무쪼록 이 책이 보육실습생들에게 도움이 될 수 있기를 바라며, 출판을 앞두고 부족한 내용들이 여기 저기 보여 부끄러운 마음이나 추후 미진한 내용들은 수정, 보완하고자 한다.

끝으로 이 책의 출판에 도움을 주신 (주)교문사 류제동 사장님과 편집부 여러분들께 진심으로 감사의 말씀을 전하고 싶다.

2008年 9月

저자 일동

차 례

제1장

보육실습의 이해

보육실습의 이해

1 보육실습의 개념

1) 보육실습의 개념 및 의의

(1) 보육실습의 개념

보육실습은 보육교사 양성과정에서 소정의 교과목을 이수한 뒤 보육시설이나 종일제 유치원 등의 보육현장에서 보육교사로서 실제적인 경험을 하는 것을 의미한다. 또한 보육실습은 정해진 기간 동안 실습 지도교수와 지도교사의 지도 아래 보육현장에서 보육교사로서의 직무수행을 전체적으로 경험해 보는 과정을 말한다(임승렬 외, 2006).

실습의 사전적 의미는 '이미 배운 이론을 토대로 실지로 해보고 익히는 일'이다(정인승 외, 1980). 포더(Forder, 1984)는 실습이란 ① 각종 각급 학교의 교원을 원하는 기관에서, ② 교육 실습생을 대상으로, ③ 전체 교직 과정 중의 한 과정으로서, ④ 일정기간 실습 학교의 교육실습 담당 지도교사의 지도하에, ⑤ 교육의 실제적 훈련을 쌓는 교직 경험 과정 또는 실제적 연구 경험의 과정이라고 하였다.

또한 보육실습이란 아동 및 유아관련 학과의 소정의 이수교과목을 이수한 뒤에 일정기간 동안 보육현장에서의 실제적인 보육활동에 참여하는 것을 의미한다. 보육실습은 구체적으로 다음과 같은 특성을 갖는다.

- ○ 보육실습은 경험학습이다.
- ○ 보육실습은 연구이다.
- ○ 보육실습은 전문 직업 교육방법에 따른다.
- ○ 보육실습은 영유아에게 현직 보육교사의 보육활동과 똑같은 중대한 영향을 준다.

실습의 이러한 의미를 적용하면, 보육실습이란 보육현장에서 실습생들이 지도교사의 지도하에 보육과정을 경험하고, 실제적인 훈련·연구하는 과정이라고 할 수 있다.

(2) 보육실습의 의의

보육실습은 실습생이 직접 보육현장에 참여함으로써 보육교사직에 대한 인식을 새롭게 하며, 보육교사로서 필요한 실제 지식과 기술을 획득하는 데 의의가 있다. 또한 기존에 습득한 전문지식을 바탕으로 보육현장에서 직접 체험을 통하여 실천해 봄으로써 보육교사가 될 사람으로서 자신을 평가·점검하고 능력을 발휘하여 보육교사에 대한 적성 여부를 최종점검해 보는 과정이다(류왕효, 2005).

보육실습은 실습생이 보육교사로 성장할 수 있도록 경험을 제공해 주고 총체적으로 준비해 주는 과정이다. 임승렬·김선희(2006)는 보육실습의 의의를 실습기관과 실습생의 측면에서 구체적으로 다음과 같이 설명하고 있다.

첫째, 경험학습으로 보육현장의 실제 환경을 경험하게 된다.

둘째, 보육교사로서의 교육관을 갖게 한다.

셋째, 직전교육을 통해 획득한 지식과 이론을 경험해 보고 적용해 볼 수 있다.

넷째, 영유아를 교육하는 데 필요한 다양한 교수학습방법 및 상황을 경험할 뿐만 아니라 교과지도, 생활지도, 학급운영 및 행정과 사무 측면의 교사역할에 필요한 실제적이고 구체적인 기술을 배울 수 있다.

다섯째, 영유아, 교직원, 부모, 지역사회 구성원 등 다양한 인간관계 및 대인관계에 관한 지식을 습득하고 기술을 경험한다.

여섯째, 실습기관은 필요한 인적자원을 양성하고 확보한다는 점에서 현장경험을 할 수 있는 기회와 장을 제공한다.

일곱째, 실습지도교사에게는 실습생을 지도하고 장학하는 과정을 통해 보육교사로서의 자신을 되돌아보고 전문성을 발달시킬 수 있는 기회가 된다.

이소희(1998)는 보육교사 양성과정으로서 보육실습의 구체적인 의의를 다음과 같이 설명하였다.

- 보육현장에 참여하여 직접 보육과정을 경험함으로써 보육교사직에 대한 인식을 새롭게 할 수 있다.
- 보육교사로서의 필요한 지식과 기술을 획득하는 과정을 알게 한다.
- 현직교사의 교수법을 관찰하고 배우는 기회를 갖게 된다.
- 영유아들과 직접 접촉하고 경험을 통해서 영유아에 대한 이해를 높이는 기회를 갖게 된다.
- 실습기관에서 정한 일정 기간의 직접적인 교수경험을 통하여 교직의 단면을 체험하는 기회를 갖게 된다.
- 실습기관 내의 종사자들과의 역동적인 인간관계를 체험함으로써 인간관계의 중요성을 인식하게 된다.
- 실습기관의 운영에 필요한 관리 기술을 관찰하고, 배우는 기회를 갖게 된다.
- 실습기관의 전반적인 운영과정을 파악할 수 있다.
- 실습기관과 지역사회와의 연계에 대해 이해하게 된다.
- 예비교사로서의 자신을 평가해 보는 기회가 된다.

이를 종합하여 요약하면, 보육실습은 전문성 신장을 위하여 현장을 경험하고 실무를 익히는 과정(process)으로 반드시 이수하여야 하는 교사양성 교육과정(curriculum)의 하나라 할 수 있다.

2) 보육실습의 목적

보육실습은 예비보육교사들에게 보육교사로서의 개인적·전문적 자질을 형성하도록 도와주는 기초과정이다. 또한 보육실습은 장차 보육교사가 되기를 희망하는 학생들이 보육현장교사의 지도를 받아 보육활동을 계획하여 실행해 보고, 하루 일과를 운영해 보는 등 다양한 보육교사의 역할을 경험해 보는 필수과정이다. 이렇듯 보육교사가 되기 위한 기초과정이며 필수과정인 보육실습의 효과를 높이기 위해 보육실습의 목적을 구체화시켜 보면 다음과 같다(박낭자 외, 2006).

영유아 보육현장을 이해하는 과정이다

보육실습의 가장 큰 목적 중의 하나가 보육현장을 이해하는 것이다. 비록 보육교사 양성교육과정 중에 현장 관찰이 수시로 이루어질 수 있으나 이러한 일회적인 경험은 보육현장을 충분히 이해하기에는 부족하다고 볼 수 있다.

보육이론을 실제에 적용하는 과정이다

예비보육교사, 즉 실습생들은 보육실습기간 동안 보육활동을 수행하고 영유아의 행동을 지도하는 등의 경험을 하게 된다. 이 과정은 학교에서 배운 보육관련 이론이나 지식을 보육현장에 적용하는 실험과정이다.

보육교사로서의 전문성을 준비하는 과정이다

보육교사가 될 실습생이 단순한 지식이나 단편적인 기능 습득만으로 교사의 조건을 갖추었다고 할 수 없다. 실습생들은 부분 수업, 종일제 수업을 통해 영유아와 상호작용하는 방법 등을 배우고 보육 전반에 걸친 내용을 파악하게 되면서 보육교사로서의 전문성을 높여 나가게 된다.

보육 전반에 관한 내용과 문제점 파악을 통해 새로운 시각을 형성하는 과정이다

보육실습은 영유아 보육현장에서 일어나는 구체적이고 특별한 요구와 상황을 경험하며 배우고, 수직적이고 수평적인 인간관계를 통하여 건전한 인간관계 형성의 기회를 얻는 새로운 학습의 장이다(윤기영·전형숙, 1998).

보육교사로서의 적성과 능력을 점검하는 과정이다

보육실습은 보육현장에서 교사 및 영유아를 관찰하고, 활동에 참여하고, 가르치는 등의 직·간접적 경험을 통해 보육교사로서의 갖추어야 할 지식, 기술, 태도 등을 배울 수 있도록 하는 모든 과정이다(이은화·배소연·조부경, 1995).

또한 보육실습의 목적은 궁극적으로 훌륭한 보육교사, 이상적인 보육교사를 만드는 것이다. 전문적인 보육이론을 기반으로 실제 보육현장에서 실천을 통하여 교사로서의 적성 여부를 재확인함과 동시에 교직의 전문성을 이해시키는 데 있다.

보육실습의 목적을 좀 더 구체적으로 살펴보면 다음과 같다.

○ 강의시간이나 책을 통해 익힌 보육지식과 이론을 직접 적용해 보고 익숙하게 한다.
○ 보육교사의 역할 수행에 필요한 제반 업무나 대인관계의 기술들을 체험해 보게 한다.
○ 보육이론을 실제로 적용하는 데 있어서 나타나는 괴리와 문제점을 파악하고 인식하게 한다.
○ 단편적으로 익힌 지식과 기술을 통합적으로 재구성하여 보육활동 전반에 적절히 적용할 수 있는 능력을 갖게 한다.
○ 보육교사로서의 자신의 적성과 능력을 시험해 볼 수 있다.

3) 보육실습의 필요성

(1) 교사교육의 중요성

현재 교사교육에 대한 접근은 교사들이 수동적으로 지식을 습득하도록 함으로써 새로운 정보를 의미 있게 인식하고 변형할 수 있도록 하지 못하고 있다.

교육현장에서 일어나는 대부분의 많은 일들은 매우 복잡하고 다차원적이기 때문에 대부분의 교사양성교육 프로그램은 교사들에게 교수·학습에 대하여 이론적으로 접근하고 학급에서 그러한 전략들을 어떻게 실행할 것인지와 같은 비결을 형식적 원리로써 가르쳐왔다. 따라서 교사교육자들은 교사들이 교사양성교육과정에서 배운 지식들을 실제로 학급을 운영할 때 적용할 수 있기를 바라지만, 모호하고 복합적인 교육현장에서 교사양성교육과정에서 학습한 일반적인 이론을 의미 있고 적절하게 적용한다는 것이 쉽지 않았다(임승렬 외, 2006).

최근 교사교육에 관한 이론들(Carter, 1988; Cole & Knowles, 1993; Feiman-Nemser, 1990; Graber, 1991; Isenberg, 1994; Lipka & Brithaupt, 1999; Zeichner, 1993)은 교사교육의 중요한 과제로 다음의 세 가지를 언급하고 있다.

첫째, 교사를 교사교육과 사회의 규범을 수동적으로 받아들이는 존재가 아니라 스스로 사고하고 의사결정할 수 있으며 자신의 발달을 능동적으로 이끌 수 있는 적극적인 존재로서 인식되기 위해서는 교사의 인지적 능력을 신장시키는 일이 요구된다.

둘째, 교사들이 자신의 경험으로부터 학습할 수 있는 반성적 교사가 되도록 준비시키는 일이 필요하다.

셋째, 교사들이 갖고 있는 이론과 실제의 차이를 좁혀야 한다. 그러므로 오늘날의 교사교육은 교사들에게 교수방법의 목록만을 가르칠 것이 아니라 가르친다는 일에 대해 생각할 수 있는 능력을 길러 주어야 한다. 단순히 겉으로 드러나는 교사의 행동을 변화시키는 교사교육에서 벗어나 의사결정능력과 교수에 대해 비판적으로 생각하고 추론할 수 있는 한편, 자신이 가지고 있는 지식을 교사상황에 잘 통합시킬 수 있도록 교사의 사고과정을 변화시키는 것에 초점을 맞추어야 한다(Carter & Richardson, 1989).

(2) 보육실습의 필요성

보육교사가 되기 전 실습생들이 교양과목, 전공학과 관련 교수방법에 관한 과목들을 통해 철저하게 준비가 되었다 하더라도 보육실습에서의 다양한 성공경험이나 만족이 없이는 보육교사로서 많은 어려움을 겪게 된다.

보육실습을 통해 실습생들은

첫째, 강의나 교과서에서 배웠던 이론을 실제에 적용해 볼 수 있는 기회를 갖고,

둘째, 교수에 관한 새로운 지식이나 기술을 배우며,

셋째, 보육교사로서 갖추어야 할 일반적인 태도를 배우며,

넷째, 자신의 적성이 과연 보육교사에 적합한지 시험해 볼 수 있고,

마지막으로 이 모든 것을 토대로 자신의 전문가적인 신념을 형성·변화·발전시키며 습득한 지식과 현장경험을 근거로 보육교사가 직면한 특정한 문제들을 최선의 방향으로 해결할 수 있는 경험들을 창조해 낼 수 있다.

다시 말하면 실습생들에게 실제 현장에서 직접 영유아들을 관찰하고 가르치는 경험을 주는 교육(보육)실습은 그들이 실천적 지식을 형성할 수 있는 기회를 제공한다. 그러므로 체계적으로 잘 조직된 교육(보육)실습은 교사들이 실제 교수 상황에서 이론을 적절히 적용하며 반성적 사고를 하면서 최선의 의사결정을 할 수 있도록 하는 데 도움을 줄 수 있다(Guyton & Mclntyre, 1990; Mclntyre, Byrd, & Foxx, 1997; Pultorak, 1993; Reiman & Thies-Sprinthal, 1993).

가르친다는 것은 너무나 복잡한 환경 속에서 이루어지며 불확실성이라는 특성을 가지고 있기 때문에 교사는 상황변화에 적절히 대응하여 창의적이고 다양하게 보육과정을 운영할 수 있는 능력을 필요로 한다. 실습생들은 교육(보육)실습을 통해 강의실에서 배운 지식과 기술을 교육(보육)현장에 적용해 볼 수 있는 기회를 갖게 된다.

그러므로 교육(보육)실습은 교사를 양성하는 직전교육과정에서는 없어서는 안 될 중요한 요소로 인식되어 왔으며, 실제로 교육(보육)실습이 예비(보육)교사들의 성장과 발달에 중요한 영향을 미치고 있음을 밝히는 많은 연구들이 있다(Cochran, 1990, 1991; Feiman-Nemser, 1985; Gormley et al., 1991; Wolfolk & Hoy, 1990; Zeichner & Lisston, 1987).

2) 보육실습의 효과

보육실습은 보육교사 양성과정에 없어서는 안 될 중요한 요소로서 실습생들이 보육교사로서 성장하고 발전하는 데 중요한 영향을 미친다. 실습생들은 실습을 통해 보육계획과 생활지도 그리고 보육교사로서의 역할 등에 도움을 받는다.

보육실습은 능력 있는 보육교사의 양성을 위해 반드시 필요한 과정이므로 보다 체계적이면서 효과적인 실습이 진행되도록 보육교사 양성기관과 보육현장의 긴밀한 협력 체제와 실습 내용에 대한 공동연구 등이 필요하다.

(1) 보육실습의 긍정적인 효과

보육실습의 긍정적인 효과로는 영유아기에 대한 이해, 수용적이고 비편견적인 태도, 개인차의 인정, 교수에 대한 준비와 신중함, 영유아를 바르게 파악하고 이해하는 능력, 교수의 목적과 목표를 이해하는 능력과 교수 방법의 정교화, 학습 동기의 유발 능력, 문제를 가진 영유아를 수용하고 문제를 해결해 주려는 태도, 영유아 중심의 교수 방법을 선호하는 태도, 민주적으로 학급을 운영하는 태도 등의 증가라고 할 수 있다(Bechher & Ade, 1982; 윤기영·정현숙, 1998 재인용). 또한 보육실습 이전에 영유아를 가르치고 지도한 실제경험보다 보육환경이 잘 갖추어진 실습기관에서 체계적으로 훈련을 받고 경험을 쌓는 보육실습이 보육 효능감을 높이는 기회를 제공하였다(현정완, 2003). 이렇게 보육실습은 예비보육교사의 아동관, 교수 행동, 역할 수행, 전문적 지도 능력, 프로그램의 목표를 인식하도록 돕는 긍정적인 역할을 하는 것으로 나타났다.

(2) 보육실습의 부정적인 효과

보육실습의 부정적인 효과로는 보육교사직에 대한 갈등과 영유아에 대한 관점의 변화, 부적절한 교수방법의 습득 등을 들 수 있다(Spodek & Saracho, 1990; 윤기영·배소연·조부경, 1997; 최경애·오애순, 1999).

이러한 부정적인 영향을 줄이기 위해서 다음과 같은 노력을 기울여야 한다.

첫째, 적절한 실습기관을 선정함으로써 실습생들이 교재·교구 만들기, 청소하기, 잡무 보조와 같이 소모적인 활동으로 시간을 보내지 않도록 해야 한다.

둘째, 실습생과 지도교사 그리고 지도교수 간의 긴밀한 협조체제를 이루어 보육실습이 계획적이고 체계적으로 이루어지도록 한다. 실습생들은 보육실습을 통해 배운 것만이 교사로서 할 수 있는 최선이라고 생각할 가능성이 높으므로 보육실습에 대해 보다 진지한 접근과 효율적인 방법을 모색할 필요가 있다 (Katz, 1984).

2 보육실습의 유형

보육실습은 4주에 걸쳐 160시간 동안 실습기관에서 실습을 하고 평가를 받는 정규실습을 의미한다. 그러나 보육실습의 중요성에 비해 보육실습 기간이 너무 짧다는 비판이 있었다. 그래서 최근에는 보육실습을 사전실습, 정규실습, 사후실습을 모두 포함하는 개념으로 이해하고 있다. 따라서 사전실습과 정규실습, 사후실습에 대한 관심이 많아지고 있으며, 일부 대학과 양성교육기관에서는 이를 정규 수업과정 중에 편입하여 실습을 실시하는 기관이 늘어나고 있다(임승렬 외, 2006).

1) 사전실습

정규실습 전에 이루어지는 과정으로 보육현장을 관찰하고 보조교사로서의 역할을 하며 교사로서 수업활동을 실행해 보는 등 다양한 형태로 사전실습을 실행한다. 사전실습은 보육현장의 환경, 영유아의 발달특성, 보육활동, 보육교사의 역할 수행 등 전반적인 관찰을 통해 실제로 교수활동이 이루어지는 교육현장에 대한 이해를 증진시키는 데 그 목적이 있다. 또한 보조교사로서의 역할을 통해 보육교사의 역할을 이해하고 실습기관에 실질적인 도움을 줄 수 있으며 정규실습에 대한 체계적인 준비를 할 수 있어 실습의 질적 향상에 도움이 된다.

그러나 사전실습은 정규실습이 아니고 또한 의무적인 것도 아니기 때문에 아직까지 사전실습을 실시하지 않는 대학 및 보육교사 양성기관도 많고, 사전실습을 실시하고 있는 경우에도 사전실습 기간이나 내용에 대해 합의된 사항이 없으며, 사전실습을 정규실습을 위한 사전 방문으로 인식하는 경우도 있다. 그러다 보니 실습생을 단지 단기간의 보조교사, 활동보조자로 인식하여 실습생에 대한 사전협의나 사후평가 또한 지도교수, 지도교사의 지도가 전혀 이루어지지 않아 오히려 정규 보육실습에 대한 두려움을 증가시키고, 영유아에 대한 부정적인 느낌과 더불어 심지어는 보육교사를 포기하게 하는 부정적인 결과를 초래할 수 있다는 우려의 소리도 있다(이춘희·나유미, 1998).

성원경(2003)은 사전실습에서 예비교사들이 학생도 아니고 교사도 아닌 모호한 상황에서 겪는 갈등과 스트레스를 극복할 수 있는 지도가 필요하다고 하였다. 따라서 사전실습 과정이 될 수 있도록 하기 위해서는 아래와 같이 사전실습의 목적을 구체화시킬 필요가 있다.

보육시설 및 실습기관의 하루 일과를 이해할 수 있도록 도와준다

보육시설은 하루 일과가 유치원과 달리 오전 7시 30분부터 오후 7시 30분까지 12시간 운영되며 때로는 야간보육, 24시간 보육을 운영하기도 하므로 실습생들이 보육시설은 기본 운영시간과 기관의 특성에 따라 하루일과가 융통성 있게 운영된다는 것을 이해하고 그 분위기에 적응할 수 있도록 도와주어야 할 것이다.

보육시설 및 실습기관의 하루 일과는 보호와 교육이 모두 중요하게 이루어진다는 것을 이해할 수 있도록 도와준다

보육과정은 영유아에 대한 보호적 배려가 교육활동만큼이나 중요하게 구성되어야 함을 이해하도록 한다. 따라서 기본 생활지도가 보육교사의 주요 역할이 됨을 알 수 있도록 사전실습이 계획되어야 한다.

영유아 발달이론 및 영유아의 발달 특성에 대해 이해할 수 있도록 도와준다

사전실습기간 동안 실습생들은 영유아를 직접 관찰하고 그들과 상호작용함으로써 강의시간에 배웠던 영유아 발달이론이 어떻게 적용될 수 있는지를 파악하게 된다. 교과서에서 제시하고 있는 영유아의 발달적 특징과 실제 영유아의 발달적 특징 간의 차이, 특히 같은 연령의 영유아들 간에도 발달적 차이가 크게 있을 수 있음을 알 수 있도록 한다.

교수-학습방법 기술에 대해 이해할 수 있도록 도와준다

실습생은 학교에서 배운 교수-학습방법이 실제에서 어떻게 적용되고 있는지를 관찰하거나 부분 활동을 통해 직접 경험해 보게 함으로써 영유아의 연령 및 상황에 따라 교수-학습 방법이 다르게 적용됨을 알 수 있도록 도와준다.

구체적인 보육교사의 역할에 대해 이해할 수 있도록 도와준다

보육시설에서 보육교사는 단순히 가르치는 역할뿐만이 아니라 관찰자, 양육자, 환경 제공자 등의 다양한 역할을 수행해야 한다는 것을 알 수 있도록 한다. 특히 소변과 대변 후 도와주기, 투약하기, 안아주기 등 양육자로서의 역할의 중요성과 보육실 청소하기 등 보육현장에 따라 교사의 역할에 차이가 있음을 알 수 있도록 한다.

실습기관의 하루 일과에는 예측할 수 없는 많은 문제 상황이 일어날 수 있음을 이해하도록 도와준다

실습기관에서 교사는 순간순간 가장 적절한 의사결정과 실행을 통해 문제를 해결해야 하므로 다양한 문제 상황을 주변과 관련하여 종합적으로 분석할 수 있는 능력이 있어야 함을 인식하도록 한다.

(1) 사전실습의 내용

정규실습 과정에서 실습생들은 특히 영유아의 발달적 특징에 대한 이해의 부족으로 활동 선정 및 개별적인 상호작용에 어려움을 느끼며, 다양한 문제 상황에 어떻게 대처하고 해결해야 하는지를 가장 어려워하고 있다(성원경, 2003). 따라서 사전실습은 실제 영유아들의 발달적 특징에 대한 이해, 상호작용 방법, 문제 상황에 대한 대처하기 등과 관련된 내용을 중심으로 구성되어야 할 것이다. 사전실습의 내용을 구체적으로 설명하면 다음과 같다(박낭자 외, 2005).

하루일과 및 교사의 역할에 대한 이해

보육시설의 하루일과는 오전 7시 30분에서 오후 7시30분까지 운영되며, 등원에서부터 자유선택 활동, 간식, 대소집단 활동, 실외 놀이, 점심, 낮잠, 오후 간식 및 자유선택 활동 등으로 진행되고 어느 정도의 시간이 소요되는지 등을 이해할 수 있도록 한다.

영유아의 발달적 특징에 대한 이해

사전실습에서는 학교에서 이론적으로 배운 영유아의 연령별 발달특징과 개인차가 실제로 영유아들에게 어떻게 나타나는가를 경험하도록 하고 자주 우는 아이, 공격적인 아이 등 다양한 행동특성을 보이는 영유아들에 대해 보육교사가 어떻게 지도하는가를 경험할 수 있도록 한다.

보육과정에 대한 이해

사전실습은 보육시설의 보육목적, 보육내용, 보육방법 등에 대한 이해를 도울 수 있어야 한다. 또한 영역별 특성, 영유아들의 특성, 집단의 특성에 따라 상호작용을 다르게 한다는 것을 알 수 있어야 한다. 따라서 실습생에게 놀이지도 및 집단활동에 대한 수업 보조자의 역할을 경험하도록 한다.

다양한 문제 상황에 대한 이해

실습생들은 사전실습을 하면서 예측할 수 없고 의사결정하기가 쉽지 않은 많은 상황들을 겪으면서 적절한 대처 방식을 알고 싶어 한다. 따라서 실습생에게 다양한 문제 상황에 대한 지도교사의 대처방법을 관찰하도록 하고 실습생들이 경험한 실제상황을 하나의 사례로서 문제 상황에 대한 원인과 다양한 전략을 생각해 볼 수 있는 기회를 갖도록 하는 것이 중요하다.

실습생으로서의 정체성 형성

실습생들이 보육실습에 대한 기대와 걱정으로 첫 현장경험을 시작하는 과정에서 영유아들이나 교사가 자신을 단지 보조자로 생각하여 싫어하거나 무시하게 된다면 실습생들은 소속감, 친밀감을 느끼지 못한 채 어려움과 스트레스만을 경험하게 된다.

사전실습에서의 당혹감을 가지지 않고 실습생으로서의 정체성, 나아가 보육교사로서의 신념 등을 형성할 수 있도록 영유아와 실습생의 관계에 대해 관심을 갖고 세심하게 지도할 필요가 있다.

이론과 실제의 차이에 대한 이해

실습생들은 실제로 행해지는 교수 활동이 한 가지 정해진 방식대로 이루어지는 것이 아니라는 것을 알게 되고 학교에서 배운 것이 실제에서 어떻게 적용되는가를 배우게 된다.

2) 정규실습

정규실습은 보육교사자격증 취득을 위해 반드시 이수해야 하는 과정이며 교사로서의 다양한 역할을 경험하게 된다. 정규실습은 실습현장에서 실습지도교사와 지도교수의 지도에 의해 사전실습보다 체계적으로 이루어지며 관찰, 부분수업, 연결수업, 종일수업 혹은 연구수업으로 진행되고 있다. 또한 실습생이 보육현장에서 보육교사로서의 직무수행을 전체적으로 경험해 볼 수 있는 과정으로 교사로서의 책임과 역할을 경험하게 된다.

이선경(2007)은 정규실습은 보육교사자격 획득을 위한 필수과정으로서 정해진 기간 동안 지도교수와 지도교사의 지도아래 보육시설에서 보육교사로서 직무 수행을 전체적으로 경험해 보는 과정이라고 말한다. 4주 기간 동안 진행되는데 보건복지가족부에서 발급받는 보육교사자격증 취득을 위해서 반드시 이수해야 한다.

정규실습은 지도교수와 지도교사의 지도를 받으며 사전실습보다 체계적으로 이루어지는데 크게 관찰 및 참가과정과 부분수업, 연결수업, 종일수업의 실제 지도과정으로 진행된다. 관찰 및 참가과정에서 실습생은 그날의 준비와 점검, 활동 진행, 정리 및 정돈, 다음날을 위한 준비와 계획 등 지도교사의 하루 전체 활동에 적극적으로 동참하여 그 역할을 체험하고, 이해하고, 능력을 기르는 것이 중요하다.

이러한 과정에서 유의점은 다음과 같다.

- ○ 하루일과 중 모든 것에 주의해야 하고 소홀히 대하는 부분이 없어야 한다.
- ○ 영유아를 잘 관찰하는 것뿐만 아니라 영유아들의 놀이에도 동참하여야 한다.
- ○ 능동적이고 적극적인 자세로 실제 활동에 참여하고, 지도교사의 지도와 조언을 잘 받아들여야 한다.
- ○ 관찰 내용을 간결하고 정확하게 기록하여 실제 지도과정에 활용한다.
- ○ 지도교사와 호흡을 맞추도록 노력해야 한다.
- ○ 보육실 정리에도 열심히 참여해야 한다.
- ○ 영유아가 도움을 청하면 바로 적절히 행동해야 한다.
- ○ 다툼이 있을 때, 신체적 위험이 예견될 때에는 영유아의 활동에 직접적으로 개입해야 한다.

실제지도과정은 보육실습에서 가장 핵심적인 과정으로 실습생은 지도교사와 협의하고 지도를 받으면서 영유아들 앞에서 실제로 수업을 진행하고 가르치게 되어 교사로서 주체적인 책임감을 가지게 된다.

(1) 부분수업

부분수업은 지도교사가 계획한 하루일과 중에서 한 가지 활동을 실습생이 맡아 계획, 준비하고 영유아들에게 직접 수행해 보는 최초의 실제지도과정이다. 따라서 실습생이 활동에 부담을 느낄 수 있기 때문에 처음부터 어려운 것을 택하기보다는 쉬우면서 간단한 활동부터 시작하도록 진행되어야 한다.

부분수업을 효과적으로 진행하기 위해서는 교육계획안을 반드시 작성해야 한다. 교육계획안은 활동명, 생활주제, 집단형태, 대상연령, 활동일시, 활동시간, 활동장소, 활동목표, 준비물, 활동방법(사전활동, 도입, 전개, 마무리), 유의점, 평가 등 세부적이고 구체적으로 작성해야 한다.

실습생은 각 활동에 대한 교육계획안을 작성한 후 지도교사에게 미리 제출하여 충분한 검토 후 지도를 받아 이를 바탕으로 수업준비를 해야 한다.

(2) 연계수업

연계수업은 부분수업을 경험한 실습생이 하루일과 중에서 연계되어 진행하는 두 가지 활동을 준비, 계획하고 수행하는 과정이다. 한 활동이 끝난 후 다음 활동으로 연결할 때 전이나 주의집중을 효과적으로 운영할 수 있는 경험을 가져 종일수업을 맡아 수행할 때 자신감을 갖고 수업을 진행할 수 있도록 도와주는 과정이다. 효과적인 연계수업을 진행하기 위해서는 하루 동안 이루어지는 모든 일과활동 계획들이 자세히 기록된 일일교육계획안을 작성하여 지도교사의 검토를 받아야 한다.

(3) 종일수업

종일수업은 지금까지 진행해 본 부분수업과 연계수업의 경험을 바탕으로 지도교사의 지도하에 하루의 모든 활동과 전체 일과를 실습생이 책임지고 계획, 준비, 실행하는 과정이다. 정규실습을 종합하는 중요한 과정으로 대부분 실습의 마지막 주에 종일수업의 기회를 갖는다.

실제지도과정에서는 다른 과정보다 더 많은 부분에 주의를 기울여야 하며 유의점은 다음과 같다.

○ 실습생의 생각대로 계획하지 말고 지도교사와 충분히 협의하여야 한다.
○ 교육계획안은 적어도 1주일 전에 미리 작성하여 지도교사에게 제출하여 수정·보완해야 한다.
○ 너무 과도한 기대보다는 실습생 자신의 능력에 맞게 활동을 진행해야 한다.
○ 실습생이 자신 있게 진행할 수 있는 활동도 중요하지만 주제에 적합한 교육계획안을 계획해야

☀ 교육 실습생의 윤리강령

본 강령은 C.S.T.A(California Students Teacher's Association)의 강령이라 불리는 미국 California주에서 1959년 작성한 것이다.

1) 아동에 대한 책임

① 실습생은 가르치는 자와 관계를 갖는 전문적 실천자이다.

② 실습원 및 아동에 관한 자료는 모두 그 기밀이 보장되지 않으면 안 된다.

③ 실습생은 자기가 갖는 종교적 · 정치적인 견해를 아동에게 강요해서는 안 된다.

④ 실습생은 아동에 대해서 신체적 · 정신적 · 지적 · 도덕적으로 모범적이어야 한다.

⑤ 실습생은 아동의 발달을 이해하도록 부단히 노력하지 않으면 안 된다.

⑥ 실습생은 어떠한 아동에게나 편견을 가지고 차별대우를 하여서는 안 된다.

2) 실습원에 대한 책임

① 실습생은 실습원의 기관 내에 있어서 다만 인정된 범위 내에서만 연락교섭과 권한을 실시할 수 있다.

② 실습생은 자기의 임무, 책임, 특권을 확인한다.

③ 법적으로 실습원의 책임은 원장 및 교사가 담당하게 되어 있으므로 그 통제도 이들이 하게 된다.

④ 실습생으로서 실습현장에서 곤란점이 생겼을 때는 먼저 지도교사와 상담한다.

3) 교사 양성기관에 대한 책임

① 실습생은 교직에 대한 긍지를 가지고 그의 일원임을 명심토록 한다.

② 실습생은 교직단체에 가입한 회원으로서의 긍지를 갖는다. 가입하지 않았어도 이를 지지한다.

③ 실습생은 독서가이다. 항상 교직의 전문사항이나 현대문제에 대하여 시대에 뒤지지 않도록 해야 한다.

④ 실습생은 교직의 실제나 자격에 관한 법규적인 영역에 관하여 잘 알아야 할 책임이 있다.

4) 교사 양성기관에 대한 책임

① 실습생은 교직에 대한 긍지를 가지고 그의 일원임을 명심토록 한다.

② 실습생은 교직단체에 가입한 회원으로서의 긍지를 갖는다. 가입하지 않았어도 이를 지지 한다.

③ 실습생은 독서가이다. 항상 교직의 전문사항이나 현대문제에 대하여 시대에 뒤지지 않도록 해야 한다.

④ 실습생은 교직의 실제나 자격에 관한 법규적인 영역에 관하여 잘 알아야 할 책임이 있다.

한다.

○ 교육계획안 양식에 치우쳐서 내용을 소홀히 하지 말아야 한다.

○ 실습생이 속한 학급의 아동들의 흥미, 능력, 관심, 행동의 특징을 파악하도록 노력해야 한다.

○ 활동을 진행할 때 영유아들의 예상치 못한 반응에도 당황하지 말고 침착하고 융통성 있게 대처해야 한다.

○ 준비한 교재·교구를 사전에 꼼꼼히 점검하고 미리 예행연습을 해보는 시간을 갖는 것이 좋다.

3) 추후실습

추후실습은 정규실습 이후에 이루어지는 실습으로 실습기관과 실습생의 의사에 따라 자율적으로 진행되는데, 이러한 이유로 기간이나 방법 모두 교육실습생과 실습기관과의 협의에 의해 진행된다. 추후실습을 통해 실습생은 실습기관의 행사를 돕거나 보조교사로 수업에 참여하고 환경 구성 및 교수자료를 제작하면서 보육현장에 대한 이해를 높이게 된다.

보육교사 등 유아교사를 양성하는 많은 대학 및 보육교사 양성기관에서는 보육실습으로 4주 정도의 실습만을 운영해 왔는데 현장경험이 없는 실습생들이 4주간의 실습으로는 교사역할을 경험한다는 것이 가능하지 않다는 것을 많은 연구결과들을 통해 알 수 있다. 따라서 많은 대학 및 교사양성기관(특히 보육교사 양성대학)에서는 정규실습 전 혹은 후에 각 교과목을 중심으로 사전, 사후실습을 운영하고 있다.

그러나 보육교사의 경우 교사양성 체제의 다양성 때문에 실제로는 교과운영의 실습과정과는 달리 법적으로 정해진 기간의 정규실습만 이수하는 경우가 대부분이다. 따라서 보육실습이 보육교사의 자격을 취득하는 하나의 요식행위가 되어서는 안 되며 직전교육에서 습득한 이론과 지식을 실제와 연계시키는 중요한 교육과정임을 보육교사 양성기관이나 실습기관과 실습생 모두가 인식해야 한다.

추후실습은 대부분 실습기관과 실습생의 의사에 따라 자율적으로 진행되며 기간이나 방법 모두 실습생과 실습기관의 협의에 따라서 진행된다. 실습기관의 행사를 돕거나 보조교사로 수업에 참여하고, 환경구성 및 교수자료를 제작하면서 보육현장에 대한 이해를 심화시킬 수 있고 보육교사로서의 자질을 더욱 높일 수 있으며, 추후 취업으로도 연결되는 경우도 있다.

그러나 대부분의 추후실습은 대학 및 보육교사 양성기관의 지도 없이 개별적으로 진행되는 경우가 많아 실습생이 교사로서의 역할을 경험하기보다는 실습기관에서 보조 인력으로 활용되는 경우가 많다.

따라서 정규실습 후 대학의 지도교수, 실습기관의 지도교사, 실습생이 함께 참여하는 실습평가회의를 통해서 평가를 실시한 후에 그 결과에 따라서 적절히 추후실습에 대한 방안이 논의되어야 한다(이선경, 2007).

임승렬 외(2006)는 추후 실습의 의미를 다음과 같이 정리하였다.

추후실습은 정규실습의 보완적 기능을 한다

정기적으로 현장에 나가 보조교사의 역할을 수행하거나 부분적으로 수업을 진행하면서 자신감과 성취감을 통해 긍정적인 태도를 가질 수 있다. 실습생은 정규실습기간을 통해 자신의 장·단점을 추후실습에서 보완하는 기회를 통해 예비 보육교사로서의 준비를 도모할 수 있다.

추후실습은 실습경험의 폭을 확대시켜 준다

정규실습 때와는 다른 유형의 보육시설이나 유치원에서 실습을 하거나 대상연령을 달리하여 다양한 연령의 발달수준과 다양한 교사의 교수방법을 경험할 수 있다.

3 보육실습 관계자의 역할

보육실습기간 동안 실습생은 유능한 교사가 되기 위한 자신만의 재능을 찾아내고 동시에 자신의 능력의 한계를 가름할 수 있는 기회를 가질 수 있다. 따라서 보육실습을 효과적으로 수행하기 위해서는 지도교수, 지도교사, 실습기관의 장 등이 효과적인 협력 체제를 유지할 필요가 있다. 구체적으로 각각의 역할을 설명하면 다음과 같다(박낭자 외, 2006).

1) 지도교수의 역할

실습생을 위한 대학 및 보육교사 양성기관의 지도교수의 역할은 실습을 계획하고 실습기간 동안 실습생이 현장에서 부딪히는 고민에 적절히 반응하며, 격려와 이해 그리고 지원을 아낌없이 제공하는 것이다. 실습생을 지도하는 교수는 실습생에게 교사로서의 역할을 강조하는 동시에 새로운 지식과 기술을 배워 나가는 학습자로서의 역할을 강조하는 것이 중요하다. 실습지도교수의 역할을 정리하면 다음과 같다.

지도교수는 실습계획을 수립하고 실습지침을 결정한다.

실습기관과 실습생의 개별적 특성을 고려하여 실습생을 배치하고, 실습생이 실습기간 동안 지켜야 할 지침을 구체적으로 제시하여, 실습생이 실습기관에 잘 적응할 수 있도록 돕는다. 따라서 실습기관을 선정할 때 실습생을 잘 지도할 수 있는 교사가 있는지, 실습생이 통학하기 적절한 거리인지, 실습생의 개인적인 특성을 잘 반영할 수 있는 곳인지를 파악하여 혼자 보낼지 여러 명을 함께 보낼지를 고려하여 실습기관을 선정하여야 한다.

지도교수는 실습과정에 대한 정서적 지원을 아끼지 않아야 한다.

실습기관을 방문하여 실습생의 실습상황을 관찰하고 실습생에 대한 적절한 지도를 한다. 실습생은 교사로서 자신감이 부족하기 때문에 불안감을 가지고 생활하고, 대인관계에서도 갈등을 느낄 수 있으므로 실습생의 입장에서 정서적인 지원을 아끼지 않아야 한다. 현실적으로 많은 실습생에 대한 현장 방문지도가 쉽지는 않지만 실습생이 현장에서 잘 적응하고 있는지, 문제점은 없는지를 살펴야 하는 이유가 여기에 있다.

지도교수는 실습과정에 대한 전문적 지원을 아끼지 않아야 한다

실습생은 실습기간 내내 이론과 실습에 대한 갈등, 문제 해결의 어려움 등을 느낀다. 실습생이 느끼는 실습 상황에서의 어려움을 파악한 후 전문적인 측면에서 실습생을 지도하도록 한다.

지도교수는 실습과정에 대한 평가자이다

실습 이후에 실습생들이 바람직한 보육교사의 역할을 인식하고 보육교사의 정체성과 전문성을 형성할 수 있도록 지도교수는 실습생들과 다양한 관점에서 수업 사례들을 분석해 보도록 한다. 이러한 경험은 실습생들의 반성적 사고를 향상시켜 실습 과정에서의 경험을 반성적으로 평가해 볼 수 있도록 하고 나아가 보육교사로서의 정체성 형성에 도움을 준다.

☀ 지도교수의 정규 실습기관 방문

지도교수가 정규실습 기관 중에 현장실습기관을 방문하여 실습기관의 장이나 실습지도교사에게 실습생의 개인적인 배경이나 중요한 장점이나 부족한 부분에 대한 정보를 주며, 이러한 정보를 통해서 실습생에 대한 이해의 폭을 넓혀주고 효율적인 지도가 될 수 있도록 도움을 줄 수 있다.

지도교수의 방문은 실습생 측면에서 보면 많은 의미를 부여하지만 특히 보육실습과정 동안 학교에서 배운 이론과 보육실습현장에서 느끼는 실제의 차이를 겪게 되는데, 이러한 차이를 바르게 이해하고 긍정적인 해석을 할 수 있도록 도와야 한다. 또한 인간관계 형성에서 많은 어려움을 나타내는데, 특히 지도교사와의 심각한 갈등 구조를 겪지 않도록 실습생을 격려하고 심리적인 위로를 줄 수 있다.

2) 지도교사의 역할

지도교사들은 실습생들을 매일 접하면서, 실제 현장에서 필요한 지식과 기술, 태도 등을 시범 보이고 실습생들의 실제 경험의 방향을 지도하는 역할을 한다. 실습생들은 지도교사로부터 실제 현장에서 필요한 지식과 기술, 태도 등을 배우게 되므로 지도교사가 실습생들에게 끼치는 영향은 크고 중요하다. 대부분의 실습생들은 보육실습 과정에서 지도교사의 지도를 받게 되므로 보육실습기간 동안 지도교사들이 실습생에게 끼치는 영향은 매우 크다. 실습의 마지막 단계에 이르면 실습생들은 실습지도교사를 거의 그대로 닮아 갈 수 있다. 지도교사가 보여 준 대부분의 교수 방식을 따라하게 되고 실습생들의 태도가 지도교사의 태도와 유사하게 변화하기 때문이다.

실습생들은 지도교사들은 당연히 옳은 것만을 보여 줄 것이라고 기대하며, 거의 무비판적으로 받아들이고 있다는 것이다. 왜냐하면 실습생들이 지도교사의 수업 방법이나 기술, 태도, 교육관 등을 배우게 되는 원인은 지도교사가 바람직한 것만을 보여줄 것이라는 기대와 신뢰, 또한 따라해야만 좋은 성적을 얻을 수 있다는 생각 때문이다. 따라서 실습생들은 지도교사로부터 바람직한 교수 방법이나 기술, 태도 등도 배우지만 경우에 따라서는 바람직하지 못한 것들도 그대로 받아들이므로 지도교사가 항상 긍정적인 영향만을 끼친다고 볼 수는 없다. 실습기관의 프로그램, 지도교사, 지도교수 등이 보육실습의 효과에 영향을 주지만 무엇보다도 실습생에게 모델이 되고 실습의 실제를 직접적으로 지도, 평가, 감독하는 지도교사의 영향이 가장 크며 실습의 효과를 가늠하는 가장 중요한 변인이라고 할 수 있다.

실습지도교사의 역할을 정리해 보면 다음과 같다.

지도교사로서의 역할을 인식한다

지도교사는 실습생을 맞이하기 전에 먼저 실습생에게 보육교사로서의 역할을 가르치는 윤리적 책임을 갖는다는 것을 인식하여야 한다. 실습생을 단순히 보조자로 생각하는 경우 이는 지도교사로서 역할을 다 했다고 볼 수 없을 것이다. 또한 지도교사는 새로운 환경에 대해, 두려움을 가지고 있는 실습생에게 미치는 영향을 고려하여 되도록 실습생과 민주적인 분위기에서 상호작용하도록 한다.

실습생을 위한 오리엔테이션을 한다

실습생을 맞이하면 먼저 실습기관 현황, 실습생 준수사항(근무 자세 등), 보육실습 일정, 일과 운영에서의 일상적인 실습생의 역할 등에 대해 구체적으로 설명 하여 실습생이 보육시설의 하루 일과에 빨리 적응하여 실습생의 역할을 다 할 수 있도록 도와준다.

실습생을 이해하고 정서적 지원자로서의 역할을 한다

실습생에 대한 정서적 지원을 위해서 지도교사는 실습생에게 지지와 칭찬을 제공하고 성인 협력자로 존중하여 문제를 함께 해결해나간다. 이외에 실습생의 이야기를 항상 들어 주고 비밀을 유지하며 실습생의 스트레스를 해소할 수 있는 건설적인 방법을 제안하는 것도 지도교사의 역할이다. 특히 실습생과 신뢰감을 형성하는 것은 정서적 지원에서 가장 중요한 역할이라고 할 수 있다. 실습생의 요청에 민감하게 반응하고 격려나 도움을 줄 때도 권위적이지 않고 실습생의 의견을 수용하고 융통성 있는 태도로 실습생을 보호해주는 입장을 취하도록 한다. 지도교사는 실습생을 교사로서 받아들이고 이들과 공동체를 이뤄 함께 상호 관계를 증진시킨다.

실습 안내자로서의 역할을 한다

실습생은 실습과정에서 보육교사직에 대한 낮은 사회적 지위, 업무 수행 및 실습의 원활한 수행에 대한 자신감 부족, 수업준비 부족 등으로 인한 심적 부담을 느낄 수 있다. 이현중(2002)의 연구에 의하면 실습생은 지도교사의 수업 모델링 부족과 실습에 대한 전반적인 안내 부족, 수업준비를 위한 자료 제공 부족 등으로 갈등을 느끼고 영유아는 영유아들의 예기치 않은 반응으로 인한 어려움, 문제아 지도의 어려움, 훈육과 자율의 균형유지 곤란에 비교적 많은 갈등을 느끼고 있다. 또한 실습기관과는 기관의 요구에 의한 교재·교구의 제작에 대해 가장 많은 갈등을 느끼고 있는 것으로 나타났다. 따라서 지도교사는 실습생의 수행 능력을 평가하기보다는 실습생이 정서적으로 안정된 분위기 속에서 실습생으로서의 역할을 잘 할 수 있도록 배려하여야 한다.

교수-학습 모델로서의 역할을 한다.

보육교사의 전문성은 영유아들과의 상호작용의 질에 달려 있다. 실습생들은 영유아들과 상호작용하는 데 특히 어려움을 가진다. 따라서 지도교사는 실습생들이 영유아와 상호작용을 효과적으로 할 수 있도록 하고, 교수기술을 발달시킬 수 있도록 교수-학습 방법 및 수업 진행의 모델이 되어야 한다. 그리고 바람직한 상호작용 방법을 보여 줌으로써 실습생이 보육교사로서의 전문성을 향상시킬 수 있도록 돕는다. 이를 위해 지도교사 또한 자기 자신에 대한 평가가 먼저 이루어진다면 실습생 지도에 도움이 될 것이다.

전문성 향상을 위한 지원자로서의 역할을 한다

지도교사는 보육교사의 전문성을 지원하기 위해 실습생이 교수 활동을 실행하는 데 필요한 동기유발 방법, 주의집중 방법, 평가 방법 등을 알려준다. 특히 실습생들은 영유아들의 주의를 집중시키는 데 어려움을 가진다. 실습생들이 처음으로 수업을 진행할 때 열심히 교구를 준비하여 활동을 진행하지만 주의를 집중시키지 못해 실패하는 경우들이 많이 있다. 또한 수업에 대한 평가 없이 계속하여 활동을 진행하게 되면 똑같은 실수를 하게 된다. 따라서 활동이 끝나고 나면 지도교사는 실습생에게 규칙적이고 지속적인 정보와 피드백을 제공하여 다음 활동에 반영할 수 있도록 한다. 그 외에도 학급 운영 관련 기타 업무수행능력을 향상시킬 수 있도록 도와준다.

협의자로서의 역할을 한다

지도교사는 실습생의 수행 능력을 지속적으로 평가하고 실습생 또한 자신에 대해 평가하여 서로 의견을 나누도록 한다. 이러한 과정은 실습생들이 학생에게 교사로 변화할 수 있도록 돕는 역할을 한다. 또한 실습생을 학급의 보육활동 계획과정에 참여시킴으로써 실습생들이 보육과정 영역을 이해하고 보육과정을 계획할 수 있는 능력을 기를 수 있도록 도와준다. 이러한 지도교사와 실습생의 보육과정을 위한 협의 과정은 실습생들이 자연스럽게 가르치는 책무를 가지도록 돕는다.

결론적으로 실습생을 위한 질 높은 실습 경험의 근원은 우수한 실습지도교사의 선정 및 유지에 달려 있다.

3) 실습기관장의 역할

보육실습에서 실습기관장의 역할은 실습생들이 잘 적응하여 실습이 원활하게 이루어져 보육실습의 효과를 높일 수 있도록 하는 데 있다. 따라서 민주적인 실습기관 분위기를 조성하고 실습지도교사와 실습생 간의 관계를 원만하게 유지할 수 있도록 지원한다. 보육실습에서의 실습기관의 역할을 구체적으로 정리해 본다면 다음과 같다.

⌛ 보육실습에 대한 오리엔테이션을 한다

새로운 환경에 잘 적응할 수 있도록 사전방문 시 또는 보육실습 첫날에 보육의 개념, 실습기관의 보육철학 및 보육프로그램의 특징, 실습기관 운영에 관해 전반적인 설명을 해줌으로써 현장에 대해 충분히 이해할 수 있도록 돕는다. 실습기관에서의 보육교사의 구체적인 역할을 설명해 주어 실습생들이 자신들에게 지도교사들이 무리하게 요구(예, 청소하기)한다는 오해를 하지 않도록 이해시킨다.

또한 실습경비에 대한 설명, 실습기관 자료이용 방법, 실습생으로서 지켜야 할 내용을 구체적으로 설명하도록 한다.

⌛ 실습생, 지도교사의 개별적인 대화를 한다

1주일에 한 번씩 보육실습일지에 대한 중간점검, 또는 실습생과의 대화를 통해 보육실습이 효과적으로 진행되고 있는지, 실습생이 느끼는 어려움이 무엇인지, 실습지도교사의 어려움은 무엇인지 등을 파악하여 실습지도교사의 실습생간의 관계가 원활히 이루어지도록 지도한다. 실습생들을 격려하고 실습지도교사에게는 융통성 있는 사고로 실습생을 이해할 수 있도록 도와준다.

보육활동에 대한 평가를 한다

실습생 및 지도교사의 보육활동에 대한 평가를 통해 실습생뿐만 아니라 실습지도교사에게 바람직한 방향을 제시할 수 있도록 돕는다. 앞에서도 지적하였듯이 실습생들은 지도교사의 수업 모델링 부족으로 어려움을 느끼고 있거나 또는 지도교사의 교수-학습방법을 그대로 모방하므로 지도교사 및 실습생에 대한 보육활동 평가를 통해 보육실습의 효과를 높일 수 있도록 돕는다.

제2장 보육실습의 실제

보육실습의 실제

좋은 보육실습을 하기 위해서는 실습생 자신과 보육실습시설, 학교 및 보육교사 양성기관이 서로 협력하여 충분히 준비하고 협력할 때 보육실습의 목적을 충분히 완수하고 좋은 보육교사의 배출이 가능해진다. 이번 장에서는 효과적인 보육실습을 위해서 보육실습의 계획과 내용에서 평가에 이르기까지 보육실습에서의 실제 내용을 살펴보도록 한다.

1 보육실습의 준비

1) 학교 및 보육교사 양성기관에서의 준비

보육실습 시기 및 방법결정

보육실습의 시기는 학교 및 보육교사 양성기관의 교육과정과 보육시설 현장의 상황, 실습생의 요구 등 여러 가지 요인을 고려하여 결정한다. 학교의 교육과정을 고려하여 보육실습의 시기를 정할 때 학교 및 보육교사 양성기관에서는 보육실습과 관련된 교과목을 충분히 지도한 후에 실습기관을 배치하도록 한다. 이는 보육실습을 받는 실습생은 영유아의 발달·심리·인지·사회·정서·

신체적인 면의 구체적인 이해 없이는 영유아와 원활한 상호작용을 할 수 없기 때문에 올바른 관찰평가 또한 이루어지기 어렵다.

보육실습의 방법은 4주 연속으로 하는 것이 좋으나 학교(예 사이버대학, 학점은행제 등) 사정에 따라 학기 중에 2주일씩 2회로 나누어서 보육실습을 받을 수도 있다. 또한 4주의 본 실습이 진행되기 전에 1주일에 1회 정도 사전 실습을 하여 미리 실습기관을 경험해 보게 하는 것도 좋은 방법이다.

실습기관의 선정 및 실습지 배정

실습기관은 물리적인 환경과 인적 환경이 제대로 구성된 시설이 좋은 실습기관이다. 이러한 시설들의 현황을 알아보기 위해서는 시·군·구의 아동보육 관련부서나 보육정보센터를 통해 각 시설의 규모와 운영상태 등을 파악한다. 파악된 지역별 명단과 유형, 실습가능인원 등을 실습생에게 알려 주고 실습기관을 스스로 결정하고 시설의 섭외를 스스로 할 수 있도록 하는 것이 좋다.

실습기관이 배정 되면 실습지 배정표를 게시하여 실습생과 현장 등의 여러 가지 여건을 고려하는 실습지도교수가 최종적으로 조율한다.

서류작성 및 발송

실습기관에 실습생을 위탁할 때는 보육실습 협조문과 실습에 필요한 서류를 준비하여 실습생이 실습기관 방문 최소 1~2주일 전에 도착되도록 발송한다.

보육실습의 서류를 구체적으로 살펴보면 다음과 같다.

○ 보육실습 사전 협조 공문
○ 보육실습 협조 공문
○ 보육실습 지도비 및 영수증
○ 실습생 신상소개서
○ 실습생 평가서
○ 보육실습 결과보고서
○ 보육실습 지도계획서

실습생 사전지도 및 지도교수의 현장방문

실습생의 사전지도는 보육실습이 시작되기 1~2주 전에 이루어지는 것이 좋으며 학생들이 그동안 준비해온 것을 다시 한 번 점검하고 준비할 수 있도록 한다.

실습지도교수는 실습기간 중에 현장을 직접 방문하여 보육실습 지도교사에게 실습생에 관한 정보를 제공해 지도교사를 돕고 실습시설의 운영현황 등을 직접 파악하여 다음 실습생을 배정하는 데도 많은 도움을 줄 수 있다.

실습지도교수는 현장방문 시 방문일정 수립, 사전방문 연락, 방문 시 할 일 정리 및 방문결과 평가 등을 고려하여야 한다.

2) 실습생의 준비

실습생이 현장에서 접하는 영유아기 아동은 발달적으로 민감하고 환경에 영향을 많이 받은 시기에 있으므로 보육교사와의 상호작용이 크게 영향을 미칠 수 있다. 그러므로 현장에서 직접 영유아와 만나게 될 실습생 또한 철저한 자기점검을 통해 영유아에게 바람직한 환경으로서의 모습을 제공할 수 있어야한다.

다음은 실습생이 갖추어야 할 건전한 성격특성에 관한 내용이다(이소희 외, 2000).

첫째, 인간의 초월성에 대한 확고한 신념을 가지고 있어야 한다. 이는 건전한 성격을 하나의 상태가 아닌 하나의 과정으로 본다.

둘째, 자기의 인생을 의식적으로 통제할 수 있는 능력을 가지고 있어야 한다.

셋째, 자기 자신에 대하여 올바른 지각을 한다.

넷째, 과거에 지배되지 않고 현재에 정착한다.

다섯째, 미래의 목표와 사명에 대한 지향성을 가지고 있어야 한다.

여섯째, 다양한 자극과 감각의 접촉을 통해 자기의 긴장을 증가시킨다.

일곱째, 대인관계를 부드럽고 따뜻하게 맺어 나간다.

앞에서 살펴본 것처럼 실습생은 신체적 정신적으로 건강하게 자신을 관리하고 연마하여 영유아와 만날 충분한 준비를 갖추어야 할 것이다.

(1) 일반 근무자로서의 자세

실습기간 중의 실습생은 학생이면서 동시에 교사라는 이중적 위치에 서게 되므로 교사의 역할도 잘 수행하여야 한다. 특히 교사로서의 실습생은 실습기관의 보육철학과 교수방법, 영유아와의 상호작용, 교사들과의 상호작용 및 원 운영의 전반적인 영역에 걸쳐 빠른 시간 안에 성격을 파악하여야 하고 이를 준행하여야 한다.

일반근무자로서의 실습생의 자세를 살펴보면 다음과 같다.

○ 정해진 출근시간보다 조금 일찍 출근하여, 복장정비 및 근무준비(담당구역청소 등)를 한다. 특히 용모와 복장은 청결하고 단정하고, 너무 화려하지 않게, 그러나 아름답게 꾸미고, 보육활동에 적합하여야 하며, 짙은 화장과 불필요한 장신구 등을 피한다.
  예) 출근시간 : 오전 9:00 / 퇴근시간 : 오후 6:00

○ 환경변화에 따른 무리를 피하고 실습생 자신의 건강관리에 주의한다.

○ 결근, 지각, 조퇴를 하지 말 것이며, 부득이한 경우 지도교사와 협의하여 양해와 승인을 얻도록 한다.

○ 실습기관의 시설, 비품, 소모품을 사용하고자 할 때에는 지도교사와 협의, 담당자의 허가를 받아 사용하고 정확하게 반납하여야 하며, 개인적인 용도를 위해서 사용하여서는 안 된다.

○ 보육실습시설의 원장, 교사/모니터 교사, 동료 실습생, 그 밖의 직원들에게 예의를 지키고 원만한 인간관계를 유지하도록 노력한다.

○ 언어 및 태도 등에서 교사의 품위를 잃지 않도록 한다.

○ 실습기관의 내부 비밀이나 문제를 외부에 나가 누설해서는 안 된다.

○ 실습기관의 명령체계 등을 존중하고, 언제나 실습생이라는 점을 자각하고 실습생으로서의 위치를 지켜야 한다.

○ 특정 원아를 편애하거나, 일과 후에 사적으로 밖에서 만난다거나, 보호자와 개인적인 관계를 유지해서는 안 된다.

○ 실습생으로 인하여 실습기관의 평소 분위기나 방침 등이 급변하지 않도록 유의하며, 실습기관의 보육방침을 이해하고, 이에 적극적으로 협조한다.

○ 동료 실습생들과 불필요한 잡담을 피하고, 상호간의 언행에 유의하며(이름을 부르지 말고 김

선생님과 같은 호칭 사용), 협조적인 태도로 효율적 실습을 위해 노력한다.

(2) 학습자로서의 자세

실습생은 배우려는 정신자세로 능동적이고 적극적으로 교사의 수업준비를 돕고, 보조 역할을 수행함으로써 보육교사로서의 태도와 자세를 익히도록 노력해야 한다.

학습자로서의 실습생의 자세를 알아보면 다음과 같다.

○ 받아들이는 소극적인 자세만을 유지하지 말고, 모든 일에 열의를 가지고 능동적이고 적극적으로 임한다.
○ 지도교사를 존경하고, 실습 중의 제반활동에 대하여 지도교사와 협의하며, 지도 및 조언을 겸손하게 받아들인다.
○ 실습기관 현장에서의 보육실제에 대해 부정적인 비판보다는 긍정적인 견해를 가지도록 하며, 비평적인 질문보다는 연구 및 탐구적인 질문 및 토의를 통해 문제를 확인하고, 그 문제해결을 위해 지도교사와 함께 노력하며, 주위의 지도를 받아들인다.

특히 다음사항에 유념해야 한다.

○ 영유아의 제반 특성을 이해한다.
○ 영유아 보육목표를 이해한다.
○ 실습생으로서의 자세 및 직무역할을 이해한다.
○ 보육기술을 습득하도록 노력한다.
○ 보육환경을 파악하도록 노력한다.
○ 지도교사의 학급운영에 적극 협조하고, 일을 분담해서 맡아 보육능력 향상을 도모한다.
○ 일과가 끝난 후에 하루일과를 스스로 되돌아보며 실습일지를 정리·기록하고, 지도교사에게 보여 협의하여 지도·조언을 받는다. 실습일지를 통해 교사활동에 대한 평가와 지도가 이루어질 수 있도록 한다.
○ 실습일지 작성 시 다음 사항을 꼭 확인한다.
  - 실습기관 현황에 대한 내용을 정확하게 기록한다.
  - 실습일지는 하루 일과 운영을 정확하게 기록한다. 매일 작성하고, 하루 보육활동의 느낌을 성실히 작성하도록 한다.
  - 보육계획안을 부착한다.

- 실습일지를 작성, 제출하여 지도교사를 포함하여 확인란에 반드시 결제 받도록 한다.
- 연구수업, 부분·종일 수업계획서는 보육일지와 실습일지에 모두 부착하도록 한다.

○ 리포트, 과제물 등은 정하여진 기일을 준수한다.

○ 실수를 두려워하지 말고, 보육실습 활동에서 실수를 범했을 경우에는 이를 인정하며, 원인을 분석하고 고쳐 나가는 자세를 갖는다.

○ 장애아동에게 동정심을 가지고 대하지 말며, 한 인격체로 대할 것이며, 각 아동 당 IEP(개별교육계획안)를 읽고 숙지하여 치료교육에 맞는 교육지도를 한다.

○ 자기 능력을 넘는 무리한 일이나 지나친 활동은 가급적 피한다. 부득이한 경우에는 충분한 준비를 하고 주위의 협조를 얻는다. 특히 모르는 것은 서슴없이 묻고, 도움이 필요할 때는 도움을 청하도록 한다.

○ 한 측면만 집착하지 말고, 전체적인 관점에서 상황을 파악하고 실습활동에 임한다.

(3) 실습생의 실습 시 유의사항

일반적인 유의사항

○ 실습생은 보육실습일에 앞서 실습기관을 방문하여 실습에 관여되는 여러 선생님의 사전 면접을 받는다.

○ 실습생은 실습생의 윤리강령을 준수한다.

○ 보육실습의 의의와 목적 그리고 실습생의 위치 등을 명심하여야 한다.

○ 보육실습 기간 중에는 실습활동에 총력을 기울여야 한다.

○ 실습기관 규정에 따라서 실습기관장 및 교사의 지도, 감독을 받는다.

○ 실습으로 인하여 정상적인 교육이나 그 분위기 조성에 장애가 되는 일이 없도록 노력한다.

○ 실습기관 교사에 준하여 근무한다.

○ 언어, 복장, 태도 등에 있어서 교사로서 부끄러움이 없도록 한다.

○ 어떠한 상황에 있어서나 실습생은 임의로 유아에게 벌을 주지 않는다.

○ 해당 기관 기밀 및 영유아의 비밀을 누설치 않는다.

○ 실습기관의 교육 방침을 잘 이해하여 이에 위배됨이 없도록 한다.

지도교사와의 관계

○ 실습생은 지도교사의 감독에 따라 영유아를 지도한다.

○ 지도교사는 실제현장에서의 고귀한 경험의 소유자이므로 존경하며 예의를 갖고 대하며 언제나 겸허한 마음으로 그의 지도를 성의껏 받아야 한다.

○ 지도교사의 인격을 존중하여야 한다.

○ 전문적 태도를 견지하고 불평이나 비건설적인 비평을 피하고 교사의 방침을 이해하려고 노력한다.

○ 만약 자기 견해가 지도교사와 다르고 그것의 토의가 꼭 필요하다고 느꼈을 때는 학생이라는 입장에서 자기의사를 개진하고 지도를 받아야 한다.

○ 지도교사의 허락 없이 사적으로 영유아들과 자유로이 외출하거나 그 가정을 방문하지 않는다.

영유아와의 관계

○ 영유아들의 이름과 얼굴을 빨리 외우도록 한다.

○ 영유아에게 항상 최대한의 친절로 대하되 품위 있게 행동하도록 한다.

○ 영유아의 특성에 따른 개별적 지도도 잊지 말아야 한다.

○ 실습생 상호간의 언행을 조심하고 유아들에게 모범이 되도록 한다.

실습생 근무요령

○ 출근은 실습기관 직원보다 10~20분 먼저 하여 등원 즉시 출근부에 날인하고 직원실 및 교생실의 정돈 상황을 점검한다.

○ 실습기관 직원에게는 누구에게나 빠짐없이 다정한 인사를 나눈다.

○ 배당받은 반을 순회하며 교실의 정돈 상황을 점검한다.

○ 결근이 있어서는 안 된다. 부득이한 경우에는 사전에 서면으로 제출하여 실습기관의 허락을 받는다.

○ 명확한 이유 없이 지각하는 일이 없도록 한다.

○ 조퇴, 외출을 하여야 할 일이 생겼을 경우도 사전에 서면으로 신고하여 허락을 받아야 한다.

○ 실습기관 영유아들이 지켜야 할 규칙은 솔선하여 준수한다.

○ 실습기관 시설, 비품 등을 사용하고자 할 경우에는 소관자의 허가를 받은 다음에 사용하며, 사용한 후에는 분명하게 반환한다.

○ 자기가 담당한 일이나 교사 및 영유아와의 약속은 신속 정확하게 지켜야 한다.

○ 실습기관에서는 반드시 명찰을 달고 앞치마를 착용토록 한다.

○ 실습일지는 매일매일 정성껏 기록하여 지도교사에게 제출한다.

○ 지도교사가 퇴근한 후에 실내 정돈 상황을 확인하고 퇴근한다.

○ 당직 근무를 받았을 때에는 당직자 근무수칙에 따라 근무한다.

3) 실습기관의 준비

보육실습 시 보육실습시설에 따라 실습생을 받아들이는 것에 대해 서로 다른 관점들을 가지고 있다. 부족한 인력을 보완하고, 예비보육교사를 양성하며 영유아들에게 새로운 보육교사에 대한 신선함을 준다는 측면에서 환영하는 반면, 미성숙한 실습생에 의한 보육과정운영의 어려움과 실습기관에서의 유능한 지도교사의 부재 및 시설의 준비 미숙으로 실습생을 터부시 하는 경우도 있다. 이러한 상이한 관점들이 있지만 실습생을 맞이하게 되는 실습기관에는 다음과 같은 준비를 해야 한다(김두범 외, 2004).

실습기관에서 준비해야하는 활동의 내용

- ○ 보육실습 의뢰서 및 공문서류 보관 철저
- ○ 보육실습에 관한 제반 규칙 및 지침 결정
- ○ 보육실습 운영계획 및 지도계획 협의 결정
- ○ 보육실습에 대비한 자료와 시설정비 및 보완

효과적인 보육실습을 위한 지침서 제공

- ○ 실습기관의 설립목적, 연혁, 교육철학, 원훈, 건물배치도
- ○ 보육실의 활동 영역 평면도
- ○ 교직원 명단과 일과표
- ○ 실습기관 연간행사 일정표 및 학급 편성 현황표
- ○ 실습기관 연간, 월간, 주간, 일일교육계획안

보육실습 지도교사의 역할 준비

실습지도교사로서의 보육교사의 역할을 살펴보면 다음과 같다.

- ○ 영유아의 신체·심리적 안전과 보호
- ○ 보육내용 및 활동의 계획과 지도
- ○ 비품, 교재·교구, 학습 자료의 준비, 점검 및 활용
- ○ 실내·외 학습 분위기 조성 및 활용
- ○ 영유아들과의 친밀한 인간관계를 통한 생활지도
- ○ 기본생활습관지도
- ○ 영유아 보육활동의 평가
- ○ 부모상담 및 부모교육
- ○ 현장 학습 계획 및 지도

○ 지역 사회와 연계된 프로그램 계획 및 실천 등

4) 보육실습 지도교사의 준비

실습생은 각 교실에 배치되기 전에 이미 실습기관 전체에 대한 오리엔테이션이 되지만 무엇보다 배치된 교실에 대한 정보와 오리엔테이션이 매우 중요하다.

또한 지도교사의 책임 있고, 일관성 있는 지도는 실습을 보다 효과적으로 진행하는 데 꼭 필요한 사항이다.

다음 사항은 실습생지도를 위한 교사지침 사항이다.

○ 실습생에 대한 인격적인 존중과 실습생에 대한 위치와 역할을 분명히 한다.

○ 지도교사는 실습생이 실습기간 동안 실습기관에서 살아 있는 경험을 하고, 교수활동에 있어서 그 수행능력을 높일 수 있도록 책임 지도하는 데 최선을 다한다.

○ 실습생에게 교실운영에 대한 오리엔테이션을 꼭 한다.
  일과운영 / 실습일정 / 아동발달특성 / 교실운영

○ 실습생에게 모범이 되도록 노력하고, 특히 언어사용에 있어 유의한다.

○ 실습생에게 아동에 대한 발달특성과 하루일과에 대한 설명을 꼭 해주어 배치된 교실의 일과 진행에 대해 예측할 수 있도록 돕는다.

○ 실습기관 행사에 대해 구체적인 정보와 역할을 준다.

○ 영유아들과 부모들에게 실습생에 대한 소개를 하고, 실습생이 짧은 기간이지만 소속감을 갖고 실습에 임할 수 있도록 돕는다.

○ 실습일지를 통해 교사활동에 대한 평가와 지도가 이루어질 수 있도록 한다.

○ 실습일지 지도 시 다음 사항을 꼭 확인한다.
  - 교육계획안 부착을 확인한다.
  - 실습일지는 매일 점검하도록 하고, 지도교사의 조언은 구체적이고, 객관적으로 기술하여, 실제 교수활동에 도움이 되도록 돕는다.
  - 실습기관 현황에 대한 내용이 정확하게 기록되었는지를 확인한다.
  - 하루 일과 운영이 정확하게 기록되었는지 본다.
  - 지도교사 확인란, 출결사항에는 반드시 도장이나 사인으로 결제하도록 한다.
  - 연구수업, 부분수업계획서는 보육일지와 실습일지에 모두 부착하도록 한다.
  - 평가서의 지도교사의 직명, 성명, 담당내용을 성실히 기록하도록 한다.

○ 실습생의 옷차림은 교사의 품위를 유지하면서 활동하기 간편한 복장이 착용토록 한다.

2 보육실습의 내용

1) 보육실습 내용의 계획

효율적인 보육실습을 위해서는 철저한 계획과 운영 그리고 평가가 중요하다. 먼저 보육실습 내용의 계획은 실습기관과 긴밀한 협조체제하에 마련하며 실습기관에 따라 의견이 다양할 수 있으나 일반적으로는 다음과 같은 내용을 가지고 계획된다.

[주별 보육실습을 위한 계획]

주	주별 활동 내용
1주	•오리엔테이션(실습기관 현황 및 인사) •실습계획협의(실습계획의 안내 및 협의) •실습학급배정 •영유아관찰 및 참관 •영유아 교육계획안 작성 및 신뢰감 형성
2주	•수업 및 생활지도에 부분적으로 참가 •지도교사의 학급경영 보조 및 부분수업 협의 •영유아 사례연구 •보육활동 자료 및 교구 제작 •실습중간평가 및 반성
3주	•부분적인 실제지도 및 평가 •교재·교구 및 교육계획안 작성 •간식 지도, 식사 지도 •부적응 영유아 관찰 및 사례연구 •실습 중간 평가 및 반성
4주	•종일제 보육활동 실습 •연구수업 실시 및 평가 •담임 역할 수행 실습 •보육실습 평가회 개최

보육실습의 내용을 실습생이 흥미영역과 대·소집단 활동에서 골고루 경험할 수 있도록 하고 영유아의 연령, 원의 행사 등 각각의 상황에 따라 융통성 있게 조정하며 대략 다음과 같은 내용으로 진행된다.

1주

- 관찰실습을 통해 보육의 현장을 이해시키고, 영유아의 연령별 특징과 상호작용 방법을 교사로부터 배운다.
- 배정된 반 영유아를 관찰하고 업무내용을 파악하게 한다.
- 수업에 필요한 실습기관 자료 파악 및 교재·교구 준비법을 익힌다.

2주

- 관찰실습을 통해 이해한 영유아의 이해를 심화시킨다.
- 부분수업 활동의 계획안을 작성하여 지도교사에게 검토를 받는다.
- 보육활동에 필요한 실습기관 자료 파악 및 교재·교구 준비를 한다.

3주

- 2주에 계획한 부분수업을 시행하고 평가한다.
- 일일보육계획안을 작성하여 지도교사와 실습기관의 장에게 검토를 받는다.
- 보육교사와 학부모 및 지역사회와의 관계를 이해하도록 한다.

4주

- 반일수업을 통해 점심시간 전까지의 활동을 실습생 스스로 계획하고 실행해 보도록 한다.
- 종일수업을 위한 여러 가지 교재·교구를 실습생 스스로 준비한다.
- 실습생의 연구수업을 통해 수업평가 및 실습의 최종평가를 한다.
- 보육실습평가표, 일지, 출근부 등을 정리하고 실습을 종료한다.

위의 보육실습의 내용에 비추어 보육실습의 요일별 계획을 예를 들어 살펴보도록 한다(김두범 외, 2004).

1주

주	주요활동	담 당	비 고
월	실습기관 소개, 지도보육교사 배치 및 소개, 보육실습 협의, 관찰	실습기관의 장	보육실습의 전반적인 사항 협의
화	관찰 및 참관요령지도 협의	실습기관의 장	보육실습일지 점검
수	실습기관 경영관계 파악, 영유아관찰	실습생 지도 보육 교사	보육실습 시설의 상황 파악
목	보육활동계획안 작성	실습생 지도교사	교재연구
금	시범수업 관찰, 참관, 교우도 작성	실습생 지도교사	평가회의

2주

주	주요활동	담 당	비 고
월	보육활동 및 생활지도 참관	실습생 지도교사	학급 경영 파악
화	보육활동 계획 및 보육자료 제작	실습생	교재연구 및 정리
수	영유아 사례연구, 학습지도과정의 기본 파악을 위한 관찰	실습생	
목	학급경영활동 조력, 학급운영안 검토	실습생 지도교사	
금	학급환경 구성, 연구수업 참관	실습생 지도교사	

3주

주	주요활동	담 당	비 고
월	교재 연구 및 보육활동계획안 작성, 부분적 실제 보육활동	실습생	활동자료, 교재연구 및 정리
화	부분적 실제 보육활동	실습생	활동자료, 교재연구 및 정리
수	부분적 실제 보육활동, 간식지도	실습생	활동자료, 교재연구 및 정리
목	부분적 실제 보육활동, 식사지도	실습생	활동자료, 교재연구 및 정리
금	부분적 실제 보육활동	실습생	활동자료, 교재연구 및 정리

4 주

주	주요활동	담 당	비 고
월	연구수업 계획안 작성, 생활지도	실습생	교재연구 및 정리
화	연구수업, 놀이지도	실습생	평가협의
수	담임 역할 수행	실습생	평가협의
목	실습생의 전일수업(전체 실습)	실습생	평가협의
금	보육실습 총평	실습생 지도교사, 실습기관의 장	총평가회

○ 보육실습 계획이 위의 표와 같이 동일하게 이루어져야 되는 것은 아니며, 일반적으로 실습기관의 전체적인 보육실습에 대한 계획으로 실습기관 및 실습생 개인의 사정에 따라 다르게 할 수 있다.

2) 실습생의 보육활동별 일과 지도

실습기관은 종일반으로 운영되므로 보육실습 내용 중 일과지도는 큰 비중을 차지하게 된다. 여기서 일과는 영유아가 매일 경험하며 반복되는 일상을 말하는데, 놀이지도에 능숙한 실습생이라고 해서 일과지도도 잘하는 것은 아니므로 연령별 특성과 일과 유형을 고려한 일과 지도방법을 익혀 두어야 한다(박낭자 외, 2006).

실습기관에서의 일과에 따른 실습생의 행동 지침을 알아보면 다음과 같다(류왕효, 2005).

(1) 등원시간

등원은 하루일과의 시작이므로 실습생은 영유아가 편안하고 즐겁게 하루를 시작할 수 있도록 맞이한다. 아픈 영유아의 상태와 투약 중인 약과 투약 시간을 잘 인수받고 장애유아는 특별히 관찰한다.

등원 시 실습생의 행동지침은 다음과 같다.

○ 실습생은 영유아가 등원하기 전에 지도교사를 도와 실습기관의 시설과 환경을 재점검한다.

○ 실습생은 영유아 등원 시 친근감을 가지고 맞이한다.
등원 시 실습생은 지도교사를 도와 영유아가 엄마와 잘 분리되고 즐거운 마음으로 실습기관 생활을 시작할 수 있도록 밝고 친근한 얼굴로 맞이한다.

○ 실습생은 영유아를 예리하게 관찰한다.
영유아 등원 시 일대일로 접촉하면서 주의 깊게 관찰하여 영유아의 심리상태, 건강상태, 문제 등을 발견하고 체크한다.

○ 영유아가 가지고 등원한 소지품이나 약 등을 꼼꼼히 챙기고 확인한다.
영유아가 무엇을 가지고 왔는지, 약은 언제 먹여야 하는지, 부모님의 특별한 메모는 없는지 등을 자세히 확인하고 지도교사에게 알린다.

○ 등원 시 영유아가 자신의 물품을 스스로 정리하도록 돕는다.
실습기관에 준비되어 있는 신발장과 개인 사물함(또는 서랍)에 영유아가 스스로 신발과 가방 및 겉옷을 정리하도록 한다.

○ 등원한 영유아가 자유놀이를 잘 시작할 수 있도록 돕거나 격려한다.
특히 3~4월은 새로운 교실과 선생님, 친구들에게 적응하는 기간이므로 등원 시 낯설어서 자유놀이를 잘 시작하지 못하는 영유아가 있다.
장애유아는 놀이를 처음 시작하는 방법을 잘 알려 주고, 혼자서 놀기보다는 일반유아와 서로 상호작용할 수 있는 놀이를 계속적으로 유도해 주면서 교사의 개입을 줄인다.

○ 등원 시 지도교사가 영유아를 맞이하는 방법을 잘 관찰하여 자신의 것으로 만든다.
실습기관의 모든 일과 및 지도교사의 행동, 수업방법, 아동과의 상호작용 등을 유심히 관찰하여야 한다.

(2) 자유놀이 시간

자유놀이는 하루 일과의 핵심이며, 영유아의 전인적 성장을 돕는다. 실습생은 영유아가 교실의 규칙을 지키며, 안전하게 자유로운 놀이를 할 수 있도록 한다. 장애유아는 어디에서 무엇을 하는지 항상 시야 안에서 벗어나지 않도록 유심히 관찰한다.

자유놀이는 다른 활동과는 달리 아동 자신의 개별적인 흥미, 욕구 및 발달

수준에 따라 재료를 선택하고 탐색·조작해 보는 능동적인 활동이다. 하루 일과 중 핵심이 되는 중요한 시간이며 유아들이 가장 선호하는 활동이다.

자유놀이의 교육적 효과를 간단히 언급하면 다음과 같다.

○ 자유놀이는 영유아의 개별적인 흥미와 요구에 따라 능동적인 학습이 이루어지는 시간이다.
○ 영유아의 능력 및 발달 수준에 맞는 학습이 이루어질 수 있는 시간이다.
○ 영유아의 사회적 문제 해결력을 기른다.
○ 상상력과 정서적 순화가 이루어진다.
○ 영유아와 영유아, 영유아와 교사와의 긴밀한 상호작용으로 인간관계를 하게 하는 시간이다.
○ 하나의 개념을 다양한 영역의 경험을 통해 반복, 통합할 수 있는 교육이 이루어지는 효과적인 시간이다.
○ 교사와 영유아의 개별적인 상호작용으로 개인차에 따라 교사와 영유아 간의 긴밀한 상호작용이 이루어지고, 유아가 중심이 되는 개별학습 시간이다.
○ 영유아 스스로 선택하고 결정하는 가운데 자율성과 의사결정능력 및 책임감이 형성되는 시간이다.

영아의 경우 등원하는 동안 개별적으로 조용한 자유놀이를 하도록 유도한다. 두세 살의 영아들은 스스로 놀이 계획을 세우기 어려우므로 교사가 시범을 보이면서 흥미를 유발시킨다.

자유놀이 시간에 실습생의 행동지침은 다음과 같다.

○ 실습생은 지도교사와 영유아들이 지켜왔던 규칙과 약속을 빨리 익힌다.
모든 교사와 아이들이 교실에서 생활하는 방법은 다르다. 실습생이 기존의 규칙과 약속을 모르고 자유놀이 시간에 개입한다면 아이들이 혼란스러울 수 있다.
○ 실습생은 아이들의 요구를 무조건 받아주기보다는 해도 되는 일과 해서는 안 되는 일의 구분을 명확히 한다.
○ 실습생은 다른 업무를 보거나 느리게 행동하지 않는다. 자유놀이 활동은 아이들이 가장 재미있어 하는 시간이지만, 안전사고가 가장 빈번히 일어난다.
○ 아이들끼리 분쟁이 일어났을 때에는 실습생이 섣부르게 개입하여 독단적으로 판단하지 않는다.
영유아 간의 분쟁이 발생할 경우, 실습생은 직접 싸움을 해결하려고 하기보다는 중재자의 입장에서 유아들이 스스로 해결방법을 찾도록 유도한다. 또한 교실에서 일어나는 모든 일은 지도교사와 상의한다.

○ 영유아들이 자율적·독립적으로 놀이하도록 실습생은 지나친 개입을 하지 않는다.
교사와 상호작용하는 것도 중요하지만 또래영유아들과 어울릴 수 있도록 교사의 개입을 줄이고, 아동이 놀이에 몰입할 수 있도록 영유아를 쳐다보지 않고, 소리로 관찰한다.

○ 실습생은 지도교사를 잘 도와서 소외받는 아이들이 없도록 항상 주의를 기울인다.

○ 자유놀이가 끝난 후 아동들이 스스로 장난감을 정리할 수 있도록 도와준다.
자신이 놀고 난 뒤 장난감을 치우거나 물건을 정리하는 습관은 영유아에게 자율의식을 갖게 할 뿐만 아니라, 서로 협동하는 생활을 배우게 하고 책임감을 길러준다.

○ 실습생은 일반 영유아와 장애유아의 다양한 놀이유형 및 성격, 문제 행동들을 유심히 관찰하고 비교한다.
일반영유아들에게서 행동 특성들을 모방하여 놀이 유형이나 습관이 달라지고, 부적절하거나 부정적인 행동이 긍정적으로 바뀌지는 경우도 많다.

(3) 간식 시간

간식 먹기는 유아에게는 부족하기 쉬운 영양을 보충해 주며, 기본 생활습관 및 사회성 발달을 도와준다. 실습생은 간식 시간이 안정적이고, 즐거운 시간이 되도록 하되 간식을 너무 많이 먹지 않도록 한다. 유아는 소화기간이 미성숙하여 한 번에 많은 양을 먹거나 소화시키는 데 어려움이 있기 때문이다. 또한 1일 3회의 식사만으로는 발달에 충분한 영양을 섭취할 수 없다. 간식은 유아의 이러한 특수성을 고려해 볼 때, 부족하기 쉬운 영양을 보충해 주어 활동에 지장이 없도록 해줄 뿐 아니라 올바른 식사습관 및 식사태도를 길러준다. 활동량이 많고 발달 과정 중에 있는 영유아는 간식과 식사, 휴식이 하루 일과에 적절하게 조화되어야 한다.

간식시간에 실습생의 행동지침은 다음과 같다.

○ 실습생은 지도교사와 상의하여 간식을 주방에서 가져온다.
간식을 주방에서 가져올 경우 동원한 영유아를 정확히 파악하여 알맞은 간식의 양과 간식 도구를 교실로 가져오도록 한다.

○ 지도교사를 도와 간식 전에 영유아가 손을 씻도록 돕는다.
간식 시간은 기본 생활습관과 올바른 식사습관 및 식사태도를 길러 주려는 목적도 포함하고 있다. 음식을 먹기 전에는 반드시 손 씻는 습관을 길러 주어 청결을 생활화한다.

○ 지도교사와 함께 간식을 나누어 준다.

6~7세의 경우 간식을 나누어 주는 순서가 정해져 있는데 실습생은 지도교사를 도와 간식이 올바르게 분배되고, 간식을 먹을 수 있는 분위기가 잘 형성될 수 있도록 한다.

○ 영유아가 간식을 받아 감사 표시를 하고 바른 자세로 먹을 수 있도록 돕는다.

장애영유아의 경우, 간식 그릇과 아동의 몸의 위치가 적당하게 유지될 수 있도록 자세를 교정해 준다.

○ 간식을 다 먹은 후 지도교사와 함께 정리한다.

실습생은 유아가 간식을 다 먹은 후 스스로 정리하는 것과, 전체 간식그릇을 정리한 경우 실습생은 다음 활동을 위해서 아이들을 준비시킨다.

(4) 이야기 나누기 시간

이야기 나누기는 영유아가 자신의 경험이나 느낌을 나누며 지식의 확장과 사물에 대한 개념을 형성할 수 있는 시간이다. 실습생은 주로 뒤편이나 바로 옆에서 아이들을 관리하거나 지도교사를 보조한다. 장애유아는 전체의 분위기를 방해하지 않고 참여할 수 있도록 돌본다.

이야기 나누기 시간의 실습생의 행동지침은 다음과 같다.

○ 지도교사를 중심으로 영유아들이 이야기 나누기에 적합한 형태로 앉게 한다.

지도교사의 지시에 따라 영유아가 앉을 수 있도록 돕는 보조적인 역할을 하는 것이 좋다.

장애 유아의 경우 자세를 바르게 유지할 수 있도록 한다.

○ 지도교사가 이끄는 주제에 맞게 진행을 도우며, 호흡을 맞춘다.

장애영유아의 경우, 수업 중에 자기 자리를 이탈하여 돌아다니는 경우가 있는데, 실습생은 장애유아가 자기 자리를 지킬 수 있도록 적절히 지도해 준다.

○ 개별적인 접촉이 필요한 아동을 돕는다.

늦게 등원하는 영유아나 갑자기 화장실에 가야 하는 영유아, 몸이 아파 집단 활동에 참여하지 못하는 영유아 등을 보살펴 지도교사가 원활한 수업을 하도록 돕는다.

○ 수업 중에 예기치 않게 발생하는 사고에 대해서 신속하게 행동한다.

영유아를 돌봄에 있어서 안전사고에 유의하며, 사고가 발생하였을 때 구급약품을 가져오고 다른 영유아를 안정시키는 등의 행동을 신속하게 하여 지도교사를 돕는다.

○ 지도교사의 수업 방식과 영유아의 발달 수준과 흥미 등을 주의 깊게 관찰한다.

이야기 나누기는 실습생이 부분수업 및 종일수업을 실제로 해야 한다. 그러므로 지도교사의 수업을 잘 관찰하여 실제로 수업을 진행할 때 참고한다. 장애유아도 참여할 수 있도록 적절한 기회를 제공해 준다.

(5) 점심시간

영유아의 성장발달에 가장 많은 영향을 주는 것은 영양 공급이다. 실습생은 배식 절차를 돕고, 세심한 손길로 즐거운 식사시간이 되도록 필요한 역할을 한다. 장애유아는 가급적 혼자 힘으로 식사할 수 있도록 배려한다.

영유아가 간식 및 점심 먹기를 통하여 스스로 식습관을 형성하고 독립적으로 수행할 수 있도록 바른 자세로 앉아서 먹기, 숟가락과 젓가락 사용법 익히기, 감사하는 마음으로 먹기, 음식 골고루 먹기, 흘리지 않고 먹기, 흘린 것은 자기가 깨끗이 처리하기, 잘 씹어 먹기, 조용히 먹기, 식사 중에 돌아다니지 않기, 식사 후에 뒷정리하기 등을 지도하도록 한다.

점심시간에 실습생의 행동지침은 다음과 같다.

점심 먹기 전에 활동 정리를 돕는다

활동을 마무리하지 못한 영유아를 개별적으로 돕거나 지도교사가 정리하는 것을 돕도록 한다. 장애유아들이 무엇을 하는지 주의를 기울이고 사고가 날 행동에 대해 사전에 조치를 취해야 한다. 또한 이물질이 장애아동의 입 안으로 들어가지 않게 유의해야 한다.

점심 전 손 씻는 것을 돕는다

점심 먹기는 영유아에게 청결습관과 질서의식 및 올바른 식습관을 길러 줄 수 있는 좋은 시간이다. 영유아들이 점심 먹기 전에 손을 씻을 때 질서를 지키며 깨끗하게 씻을 수 있도록 실습생은 옆에서 도와주고, 개별적인 도움이 필요한 아동을 보살핀다. 또한 손을 다 씻은 아동은 점심을 먹을 수 있도록 자리를 정돈하게 한다.

지도교사와 함께 점심을 나누어 준다

보통 간식과 마찬가지로 점심 먹기도 교실에서 이루어지는 경우가 많다. 두

살 전후 영아는 자리에 집중해서 앉아 있을 수 없고, 유아처럼 음식을 가져갈 수 없으므로 교사가 직접 나누어 준다. 이때 실습생은 영아의 식사도구를 준비해 주고, 영아가 뜨거운 음식을 받을 때 조심할 수 있도록 주의를 기울인다.

감사하는 마음으로 바르게 앉아서 먹을 수 있도록 한다

모든 영유아가 음식을 다 받고, 자리를 정돈하면 지도교사와 실습생은 영유아와 함께 감사를 표하고 바르게 앉아서 식사를 할 수 있도록 한다.

지도교사와 함께 정리한다

식사를 마친 후, 자신이 흘린 것은 깨끗하게 치우도록 하고 잔반과 식사도구는 스스로 정리하도록 한다.

식사를 마친 영유아의 이 닦는 것을 돕고, 조용한 놀이나 휴식을 취할 수 있도록 한다

식사 후 영유아들이 이를 닦을 때 옷이 젖는 것을 방지하기 위해 비닐 앞치마를 사용하는 경우 실습생은 유아들이 앞치마를 착용하는 것과 적절한 치약의 양을 사용하여 이를 닦을 수 있도록 도와준다. 이를 닦은 영유아는 조용한 놀이나 휴식을 취할 수 있도록 한다.

장애유아의 경우, 이를 닦을 때 위아래, 겉, 속을 여러 번 반복하여 닦을 수 있도록 이를 닦는 방법을 지속적으로 알려 준다.

(6) 낮잠 시간

영유아는 수면을 통해 새로운 에너지와 활동할 수 있는 힘을 생산하므로 발달에 중요한 요소이다. 실습생은 유아들이 편안히 잘 수 있도록 안정된 분위기를 만들고, 잠들지 못하는 유아를 특별히 돌본다.

낮잠 및 휴식은 하루 일과에서 유아의 성장을 촉진시키며, 오후 시간을 활기차게 보내기 위해서 반드시 계획되어야 하는 활동이다.

특히 영유아들이 집에서와 같이 안정감을 가지고 휴식을 취할 수 있도록 실습생은 지도교사와 함께 영유아와 낮잠을 도와주고, 적절한 환경 구성을 마련해야 한다.

낮잠 시 실습생의 행동 지침은 다음과 같다.

낮잠 전, 영유아가 화장실에 다녀오도록 돕는다

실습생은 낮잠 시간이 되면 지도교사를 도와 대소변 가리기가 가능한 유아는 화장실에 다녀올 수 있도록 하고, 대소변을 못 가리는 영유아는 기저귀를 새로 갈아 준다.

영유아가 잠을 잘 수 있도록 커튼이나 블라인드를 이용해 빛을 차단하는 등 분위기를 조성한다

각각 독립된 침구를 준비해 주고, 겉옷을 벗거나 잠옷으로 갈아입는 영유아가 있으면 도와준다.

영유아가 편안한 상태에서 낮잠을 잘 수 있도록 한다

영유아가 자신의 침구에 다 누우면 실습생은 지도교사와 함께 유아 한 명 한 명을 안아 주고, 쓰다듬어 주어 낮잠 시간이 선생님과 교감을 형성하는 즐거운 시간이 될 있도록 한다.

낮잠 시간 동안 교실을 떠나지 않는다

교사는 낮잠 중 갑자기 깨어 울거나, 기침을 심하게 하는 등 도움을 필요로 하는 유아를 언제든지 도울 수 있어야 한다. 또한 낮잠을 원하지 않거나 중간에 잠이 깬 유아는 침구에 누워 쉬거나, 다른 유아를 방해하지 않는 범위 내에서 조용한 놀이를 할 수 있도록 한다.

영유아가 낮잠에서 일어나는 것을 돕는다

낮잠에서 일어나야 할 시간이 되면 음악의 볼륨을 조금 높이고, 커튼이나 블라인드를 열어 교실에 빛을 들어오게 하여 유아 스스로 일어날 수 있도록 한다. 이때 실습생은 지도교사와 함께 일어난 영유아를 따뜻하게 안아 주고, 잘 잤는지를 물으며 몸의 상태를 체크한다. 영아의 경우 기저귀를 확인한다.

침구정리를 한다

영유아가 낮잠에서 일어나면 교실을 환기시키고, 실습생은 지도교사, 영유아와 함께 침구를 정리하고, 영유아가 화장실을 다녀올 수 있도록 돕는다.

장애유아의 경우 이불정리를 스스로 할 수 있도록 유도한다.

(7) 산책 시간

산책은 오감으로 자연을 체험할 수 있는 시간이지만 사고가 나기 쉽다. 실습생은 후방에서 영유아의 이탈과 사고의 위험을 예방하면서 영유아의 행동을 관찰한다. 장애유아는 뒤처지지 않도록 특별히 가까이에서 지원한다.

산책은 영유아들이 온갖 자연물을 직접 보고, 만지고, 듣고, 느끼고, 냄새를 맡을 수 있는 체험적 교육활동이다. 산책은 일상생활의 일부가 되어야 하며, 오전 산책, 오후 산책, 일과 중의 시간을 이용한 산책 등 시간대에 따라 달라지는 주변 세상을 경험할 수 있기 때문에 하루 일과 중 언제라도 가능하다.

실습생은 영유아가 산책하는 가운데 자연을 잘 관찰하고 느낄 수 있도록 모델링 역할을 한다. 또한 이물질을 입에 넣지 않도록 주의 시켜야 하고, 도로를 지나갈 경우 갑자기 차도에 뛰어들지 않도록 위험 행동을 보일 것으로 예상되는 영유아는 미리 손을 잡고 산책을 한다. 장애유아는 밖에 나가서는 특히 교사가 주의하여 관찰해야 한다.

(8) 작업 시간

작업은 영유아 자신의 생각 및 표현의 결과물을 얻을 수 있는 생산적인 시간이다. 실습생은 자료 준비를 돕고, 작업 중에 도움이 필요한 유아의 개별지도를 맡는다. 장애유아도 작업에 끝까지 참여하도록 한다.

영유아들은 작업을 통하여 창의력, 사고력, 표현력을 기르고, 불안이나 좌절에서 오는 심리적 갈등을 해소하며, 자기표현의 욕구를 충족시킨다. 또한 유아는 조직적으로 생각하고 계획하는 태도를 형성하며, 창작에 대한 흥미를 가지고, 눈과 손의 협응력 발달과 소근육 발달 등 신체·정서·언어·사회·지적발달을 도모할 수 있게 된다. 실습기관에서 많이 하는 작업으로는 만들기, 오리기, 붙이기, 그리기, 접기 등이 있다.

작업 시간 시 실습생의 행동지침은 다음과 같다.

작업 전에 필요한 자료 준비를 돕는다

작업은 큰 주제 안에서 영유아들이 자유롭게 표현하기 위하여 다양한 재료가 필요하다.

실습생은 활동에 필요한 재료 준비를 돕고, 부족한 재료가 없는지 확인한다.

작업 중 교사의 도움이 필요한 영유아는 개별지도를 한다

영유아마다 능력이 모두 다르고, 작업은 교사의 도움이 꼭 필요할 영유아가 있다. 그러므로 실습생은 영유아들이 작업을 잘 진행하고 있는지 유심히 관찰하고, 도움이 필요한 영유아가 있으면 개별지도를 한다.

작업을 마친 영유아의 정리를 돕는다

활동이 어느 정도 마무리되면 실습생은 지도교사와 함께 영유아 스스로 사용한 재료를 정리할 수 있도록 한다. 활동을 마무리하지 못한 영유아가 있으면, 편안히 끝낼 수 있도록 배려한다.

(9) 동화 시간

동화는 영유아의 정서와 인지적 관심을 풍부하게 해준다. 실습생은 동화의 흐름이 깨지지 않고, 효과가 극대화되도록 지도하는 교사와 호흡을 맞춘다. 장애유아도 끝까지 동화를 경청할 수 있도록 한다.

동화는 실습기관에서 가장 많이 이루어지는 문학 활동이며, 아이들이 재미있어 하는 시간이다. 영유아는 동화를 들음으로써 상상력 및 사고력, 창의력을 발달시킨다. 또한 정서적으로 풍부한 경험을 하고, 세상을 좀 더 잘 이해할 수 있으며 자신을 잘 표현할 수 있게 된다.

동화 시간 시 실습생의 행동지침은 다음과 같다.

영유아들이 동화 듣기의 배열로 앉을 수 있도록 돕는다

동화는 보통 이야기 나누기 시간 전후에 전개되는데 실습생은 모든 영유아가 동화 자료가 잘 보이는 자리에 앉을 수 있도록 한다.

지도교사가 동화를 매끄럽게 진행할 수 있도록 호흡을 맞춘다

영유아들은 동화를 들을 때 자신도 모르게 점점 앞으로 다가가거나, 갑자기 일어나서 동화의 자료를 만지려고 한다. 실습생은 영유아가 동화에 집중할 수 있도록 산만한 영유아들을 통제하고, 화장실 등의 도움이 필요한 영유아가 있으면 돕는다.

장애유아는 자기 자리를 이탈하지 않고, 끝까지 지킬 수 있도록 지도한다.

동화를 정리한다

동화 후 지도교사가 다른 활동으로 전환할 때 실습생은 동화 정리를 돕는다.

(10) 바깥놀이 시간

바깥놀이는 영유아들의 신체발달뿐 아니라 긴장 해소와 균형 있는 하루 일과를 위해서 꼭 있어야 하는 중요한 시간이다. 바깥놀이는 영유아들이 아주 재미있어 하고 지루해하지 않으며, 자연의 흐름을 느낄 수 있고, 영유아 자신이 가지고 있던 지식, 개념, 경험을 자유롭게 펼칠 수 있는 시간이다. 또한 지적인 호기심과 상상력을 키우고 계절의 변화와 더불어 생명의 소중함을 깨닫는다.

바깥놀이는 안전사고의 위험이 많은 시간이므로 영유아를 위험으로부터 보호하고, 사고 발생 시 신속한 조치를 취한다. 장애유아는 안전사고에 특별한 주의를 기울인다.

"아이들은 바깥을 원한다. 바깥놀이에서 흙, 모래, 물과 노는 아이들의 표정에서는 행복함을 읽을 수 있다. 아이들은 바깥 놀이터의 흙, 바람, 돌, 풀, 꽃, 동물들과 친해지기를 원한다. 아이들이 순수하고 자연도 순수하므로 자연은 아이들을 부르고 아이들은 거짓 없이 자연에 다가서기 때문일 것이다." (임재택, 2005).

바깥놀이 시간의 실습생 행동지침은 다음과 같다.

실습생은 지도교사를 도와 아이들과 질서 있게 바깥놀이 장소로 이동한다

영유아들이 지도교사의 지도에 따라 질서 있게 이동할 수 있도록 뒤에서 잘 보조한다.

장애유아의 경우 스스로 신발을 신는 시간이 느려 전체적인 반의 이동시간이 늦어질 수 있다. 실습생은 이를 고려하여 장애유아가 신발 신는 속도가 너무 뒤처지지 않게 유도해 준다.

실습생은 아이들의 안전사고에 특별한 주의를 기울인다

위험한 기구에 올라가는 유아는 없는지, 올바르지 않은 방법으로 기구를 사용하는 유아가 없는지 잘 관찰한다.

바깥놀이 시에는 날씨에 알맞고, 활동하기 편한 복장과 편한 신발을 신는다

실습생은 활동의 성격에 따라 알맞은 복장을 착용해야 한다. 그러기 위해서 여벌로 편안한 옷과 신발을 실습기관에 가져다 놓는 것도 한 방법이다.

실습생은 지도교사와 함께 영유아 전체를 바라볼 수 있는 위치에 자리한다

바깥놀이 장소는 교실보다 넓기 때문에 영유아를 통제하기 어렵다. 실습생은 많은 영유아를 바라볼 수 있는 위치에 서서 도움이 필요하거나, 안전사고가 발생할 만한 놀이를 하는 영유아가 있으면 언제든지 달려간다.

바깥놀이를 마치고 교실로 돌아올 때는 신발을 스스로 정리하고, 손 씻는 것을 도와준다

(11) 견학 및 소풍 시간

견학 및 소풍은 영유아들에게 특별하고 다양한 경험을 주는 사고 확장의 시간이다. 실습생은 도우미 역할을 하면서 인솔 시 지도요령을 배운다. 장애유아는 특히 미아사고에 대비한다.

견학 및 소풍을 가기 전에는 영유아들에게 활동의 목적을 알게 하여 교육적 가치를 높이며, 소지품 및 복장 등에 대해서도 미리 알려 준다. 또한 활동 전 영유아들과 충분한 이야기 나누기를 함으로써 안전사고와 미아사고를 예방한다.

견학 및 소풍을 갈 때 실습생의 행동지침은 다음과 같다.

등원 시 영유아들의 옷과 가방을 확인하고, 이름표를 착용하도록 한다

견학 및 소풍날이면 영유아는 많이 들떠 있고, 교사는 많이 분주하여 잦은 사고가 발생할 수 있으므로, 지도교사가 필요한 것을 보조할 수 있도록 한다.

차량 탑승 시 인원 확인을 돕는다

실습생은 영유아의 차량 탑승과 인원 확인을 돕는다. 또한 안전벨트는 바르게 했는지, 몸이 불편한 유아는 없는지 수시로 확인한다.

인솔 시 지도요령을 익혀 도우미 역할을 한다

실습생은 행사 전에 지도교사와 충분히 상의하여 행사 도우미 역할을 수행한다. 예를 들어, 구급약품을 챙기거나, 뒤처지는 영유아를 돌보거나, 화장실 등 급한 도움이 필요한 영유아가 있으면 언제든지 돕는다.

안전사고와 미아사고가 발생하지 않도록 주의를 기울인다

실습생은 이동 시 영유아의 인원수를 항상 확인하고, 몸이 불편한 영유아가 없는지 확인한다. 또한 지도교사보다 위험상황을 먼저 알았을 때에는 신속히 지도교사에게 알리고 상황에 대처한다.

야외활동 시 간편한 복장을 한다

실습생은 활동이 편한 복장을 하고, 편한 신발을 신는다. 또한 영유아들이 교사의 위치를 얼른 알 수 있도록 눈에 띄는 색깔의 모자와 옷을 착용하는 것이 좋다.

(12) 귀가 시간

귀가 시간은 영유아의 소지품을 점검해 주고, 특별히 전달사항이나 안전사항을 점검한다. 실습생은 마지막 영유아까지 안전하게 귀가할 수 있도록 최종 확인을 한다. 장애유아는 스스로 자신의 소지품을 잘 챙길 수 있도록 지원한다.

귀가하기는 하루를 마무리하는 시간으로 등원만큼 중요하다. 차량으로 귀가를 하는 경우 실습기관 각 반의 영유아들이 한꺼번에 나올 수 있으므로 안전사고가 일어날 수 있다. 그러므로 영유아들이 질서 있고 안전하게 귀가할 수 있도록 지도한다. 또한 학부모가 직접 영유아를 데리고 귀가하는 경우 부모에게 영유아의 하루 일과나 전달사항을 이야기하도록 한다.

귀가 시간 시 실습생의 행동지침은 다음과 같다.

영유아의 귀가 준비를 돕는다

실습생은 지도교사를 도와 영유아가 화장실에 다녀왔는지, 자신의 겉옷을 바르게 입었는지, 소지품은 잘 챙겼는지 등을 확인한다.

귀가 시 질서 있고 안전하도록 지원한다

귀가하기는 하루 일과 중 가장 복잡하고 산만한 시간이다. 차량으로 귀가하는 경우 실습생은 지도교사를 도와 차량을 이용하는 유아가 자신의 동네 방면의 차를 바르게 탑승했는지를 확인한다. 부모와 귀가하는 경우 실습생은 인사는 하지만, 섣부르게 유아에 대해서 상담하지 않도록 주의한다. 류왕효(2005)는 '실습생이 지도교사의 허락하에 부모님과 면담을 해도 되는가?'에서 지도교사들은 92%가 '하면 안 된다'라고 응답했다. 많은 부모님들은 원과 자신의 아이에 대해서 질문하는 경향이 있는데, 실습생은 자신이 대답하려고 하기보다는 지도교사에게 연결시켜 주는 것이 바람직하다.

⌛ 귀가하지 않은 영유아를 안전하게 돌본다

귀가시간이 되면 지도교사는 귀가하는 영유아를 챙기고, 하루 업무의 마무리, 부모님과의 면담 등으로 분주하게 된다. 이때 실습생은 교실에 남아 있는 영유아들이 안전하고 재미있는 놀이를 하다가 귀가할 수 있도록 돌본다.

(13) 청소 시간

보육시설의 안전을 위해서는 청결한 환경 유지가 필수적이다. 실습생은 일과가 끝나면 자발적으로 교실 구석구석을 깨끗이 청소한다.

보육시설은 무엇보다도 청결하고 깨끗한 환경이 요구된다. 특히, 영유아가 거의 하루 종일을 생활하는 교실의 청결은 안전관리의 기본이라 할 수 있다. 교실의 청결을 위해서 주의해야 할 점은 다음과 같다.

- ○ 교실바닥은 필요할 때마다 즉시 쓸거나 닦는다. 카펫은 청소기로 매일 먼지를 제거한다.
- ○ 매주 교실이나 복도 바닥, 선반과 문 손잡이를 소독한다.
- ○ 바닥에 액체를 쏟았을 때에는 즉시 닦아내고 냄새를 제거한다.
- ○ 영유아들이 입에 넣을 수 있는 물건들은 매일 씻고 소독한다.
- ○ 낮잠 침구는 매주 빨고, 햇볕을 쪼인다.
- ○ 쓰레기는 매일 버린다.
- ○ 실내 공기가 항상 쾌적하도록 환기를 시킨다.

청소 시간 시 실습생의 행동지침은 다음과 같다.

⌛ 청소 시간이 되면 지도교사가 이야기하지 않아도 스스로 청소를 한다

일반적으로 영유아들이 귀가하면, 청소를 시작하는데 실습생은 이 시간이 되면 재빨리 움직여 창문을 열고 청소를 시작하도록 한다. 실습지도교사들은 실습생 지도에서 '성실성'을 가장 높이 평가한다고 하였다(류왕효, 2005). 그러므로 실습생은 청소를 포함한 모든 일에 열심히 하는 자세를 보인다.

지도교사의 청소 방식을 따라 한다

대부분의 교사는 청소를 하는 일반적인 순서가 있다. 실습생은 마음대로 여기저기 청소하기보다는 지도교사의 흐름을 잘 살피어 거기에 맞추어 청소를 보조한다.

지도교사가 미처 관리하지 못하는 부분까지도 청소한다

매일 영유아와 활동하고, 다음날을 계획하느라 교실의 세밀한 부분까지 깨끗하게 청소하기란 쉬운 일이 아니다.

(14) 차량 탑승 시간

차량 탑승은 무엇보다 안전이 최우선되어야 한다. 실습생은 차량 안전 수칙을 숙지하고 철저히 점검한다. 실습생 혼자서 차량에 탑승하여 하원지도를 하는 것은 위험하다.

실습기관에서 차량 탑승은 영유아의 등·하원 및 현장학습, 소풍 시 하게 된다. 평소에 교통안전교육을 함으로써 영유아를 교통사고로부터 보호하고, 위험한 상황을 인식하여 대처할 수 있는 능력을 길러 주어야 한다. 차량 탑승은 무엇보다 안전이 최우선되어야 한다.

차량 탑승 시 유의할 점은 일반적으로 다음과 같다.

- ○ 실습생은 혼자 차량 운행하지 않는다.
- ○ 버스가 완전히 멈춘 뒤 차례차례 탑승하도록 하며, 교사는 반드시 땅을 딛고 유아를 한 명씩 태운다.
- ○ 안전벨트는 반드시 매도록 한다.
- ○ 창밖으로 손이나 머리를 내밀지 않도록 한다.
- ○ 창밖으로 물건을 던지거나 의자 위로 올라가지 않도록 한다.
- ○ 버스가 완전히 멈춘 다음 앞에서부터 차례차례 내리도록 한다.
- ○ 버스의 계단을 내려올 때는 서두르지 말고, 천천히 한 칸씩 내려오도록 한다.
- ○ 버스의 앞좌석에는 영유아를 앉게 하지 않는다.
- ○ 실습기관 차를 향해 뛰어가지 않도록 한다.
- ○ 차량에 탑승하다가 사고가 발생하였을 경우 신속히 대처하고, 다른 영유아가 놀라지 않도록 주의한다.

차량 탑승 시 실습생의 행동지침은 다음과 같다.

차량 탑승의 일반적인 유의사항을 항상 염두에 두어 안전사고를 예방한다

실습생은 교통안전 및 차량 탑승의 유의사항을 자세하고 정확하게 알고 있어야한다.

차량 탑승 후 안전벨트를 맬 수 있도록 한다

실습생은 영유아 차량 탑승 시 자리에 바르게 앉도록 하고, 불편한 곳은 없는지 확인한 후, 안전벨트 매는 것을 도와준다. 장애유아의 경우, 안전벨트를 교사가 보지 않는 사이 빼 버리는 경우가 있다. 따라서 장애유아가 안전벨트를 착용하고 있는지 수시로 확인해야 한다.

창밖으로 손이나 머리를 내밀지 않도록 한다

실습생은 버스에 있는 마이크, 창문 여는 손잡이, 커튼 등으로 장난치지 않도록 주의를 주고, 창밖으로 손이나 머리를 내밀지 않도록 각별히 주의한다.

도움이 필요한 영유아가 있으면 언제든지 돕는다

멀미나 대소변 문제로 도움을 요청하는 영유아가 있으면 지도교사와 함께 영유아를 돕는다. 특히, 실습생은 모든 영유아를 유심히 관찰하여 불편을 느끼는 영유아가 없는지 수시로 확인하고, 멀미약, 물, 비닐봉지, 휴지, 물 티슈, 여벌의 옷 등을 항상 소지한다.

차량 하차 시 차량 안을 점검한다

차량 안에서 잠이 든 영유아가 없는지, 유아들이 두고 내린 물건이나 물품 등을 확인한다.

3 관찰실습

실습기관에서의 본격적인 실습은 실습기관의 환경과 아동, 교사를 살펴보는 관찰실습에서 시작된다. 관찰실습을 통하여 하루일과 관찰, 영유아 관찰, 교사의 수업활동 관찰, 실습기관의 환경 관찰, 학급운영의 관찰 등을 통하여 실제 수업에 필요한 기초지식을 쌓는다.

관찰실습을 통하여 기대할 수 있는 효과는 다음과 같다(서영숙 외, 2006).

- ○ 실습기관의 환경과 영유아의 제반현황 및 그 실태를 바로 알게 된다.
- ○ 보육활동의 계획과 준비, 전개 및 평가 등의 과정과 방법을 이해하게 된다.
- ○ 학급 환경 구성과 준비, 전개 및 평가 등의 과정과 방법을 이해하게 된다.
- ○ 실습생 자신의 관찰 능력과 태도가 향상된다.

1) 관찰실습의 의의

관찰실습은 일반적으로 정규 실습 첫 단계로서 첫 주에 이루어진다. 이 기간 동안 실습생은 보육교사들의 수업을 관찰하면서 이론이 현장에서 어떻게 활용되고 있는가를 파악하게 된다. 교사, 영유아, 교재·교구 및 시설 등 보육활동 전반에 걸친 사항을 살펴보고 앞으로 수업을 직접 수행하는 데 필요한 교사로서의 역할, 태도 및 교육적 기초 지식을 익히게 되며 나아가 보육 현장을 이해하는 중요한 기회가 된다. 이때 실습지도교사는 실습생이 다양한 관찰을 할 수 있도록 관찰의 대상과 범위, 방법을 조금씩 달리 제시해 주는 것도 좋다. 예를 들어 처음에는 특별한 정보나 범위 없이 자유롭게 관찰해 보도록 하고, 다음에는 교사와 관련된 내용을, 그 다음에는 특정한 영유아나 놀이 영역을 관찰하도록 하여 실습생이 무엇을 어떻게 관찰해야 하는지 관찰방법과 내용을 세심하게 지도해 주도록 한다. 또한 지도교사는 가능한 매번 다른 보육활동을 계획하는 것도 바람직하다(박낭자 외, 2006).

2) 관찰실습의 내용

관찰실습에는 보육시설의 제반 조건 및 운영, 보육과정의 계획-실행-평가-과정, 영유아 발달 및 놀이 관찰 등이 포함된다. 이를 표로 제시하면 다음과 같다(박낭자 외, 2006).

[관찰실습의 내용]

구 분		관찰 내용
실습 기관의 제반 조건 및 운영	실습기관의 제반 조건 및 물리적 환경 보육시설의 운영적인 측면	•학급 규모 및 학급 편성 •실내·외 환경 구성 •시설 및 설비 •교재 교구 및 비품 •종사자 구성 •원아 상황
	실습기관과 지역사회와의 연계 측면	•실습기관의 기본 운영 방침 •실습기관이 위치한 지역사회 특성 •사무 처리의 절차 및 방법 •각종 행사 계획
		•부모 교육 프로그램 •지역사회 인사 및 자원 활용 방법 •지역사회 발전을 위한 실습기관의 활동 내용
보육과정 계획-실행-평가과정	보육과정의 계획	•보육활동 계획안 작성 방법 •보육 목표에 따른 활동 내용 선정 및 조직 방법 •매일의 학습 지도 계획의 적절성 •교재 및 교구의 준비 사항 •교재 및 교구에 대한 연구
	보육과정의 실행	•놀이 및 활동 전개 시 도입, 전개, 결론의 일련의 과정 •교구 및 교재의 활용 및 정리 방법 •영유아의 발달적 차이에 대한 배려 •교사의 복장 및 태도 •교사의 언어 사용 및 발문, 영유아의 반응과 질문에 대한 상호작용 •영유아의 흥미, 발달 수준 등의 고려 •과제의 제시 및 처리 요령 •소그룹 지도, 집단 지도, 개별 지도 방법 •영유아들의 귀가 후 뒷정리 •내일을 위한 계획 및 준비 •등 하원 지도, 실내외 자유 선택 활동 시간, 집단 활동, 간식 및 점심시간 등 지도방법

구 분		관찰 내용
보육과정 계획-실행-평가과정	보육과정 평가	•보육과정 평가 방법 •활동에 참여한 영유아에 대한 평가 방법 •교사의 계획-실행 평가 방법과 내용 •평가 결과의 기록과 활용 방법
	영유아에 대한 평가	•영유아에 대한 평가 방법 •영유아 평가 결과의 해석 및 활용
	교사의 학급 관리	•학급 운영 방법 •학급의 비품 관리 •학급 시설 관리
영유아 발달 및 놀이 관찰	영유아의 발달	•신체 발달 •사회 정서 발달 •언어 발달 •인지 발달 •기본 생활 습관
	영유아의 놀이	•놀이 상황 : 선호하는 놀이 영역, 놀이자료, 놀이 상대 •놀이 유형 •놀이 환경 •흥미 영역별 놀이 특성

3) 관찰실습의 실제

(1) 영유아 관찰실습의 과정

관찰법은 영유아를 대상으로 한 연구방법 중 가장 오랜 역사를 가진 방법의 하나이다. 특히 성숙되지 않은 언어와 개념적 기술을 가지고 있는 영유아의 경우 그들 주변에서 일어나는 현상이나 느낌을 언어로 표현하는 것이 어렵기 때문에 관찰을 통해 영유아의 발달수준을 파악하고 이해하는 것은 대단히 의미 있고 유용하다고 할 수 있다.

실습생의 관찰실습은 지도교사의 지도하에 이루어지는데, 실습생으로서 영유아의 발달수준과 놀이를 관찰하는 것은 영유아의 행동특성을 잘 이해하고 발달의 정도를 파악함으로써 영유아의 개별성에 따라 반응해 주기 위함이다.

따라서 관찰은 개별 영유아의 발달 상황을 이해하고 도와주는 긍정적인 측면으로 이루어져야 하며 그 결과가 보육실습 활동에 유용하게 활용되어야 한다.

관찰실습이 이루어지는 일반적인 과정을 살펴보면, 먼저 누구를 대상으로 어떤 목적으로 관찰할 것인지 관찰목표를 정한다. 그 다음 관찰목표에 따른 구체적인 방법을 결정하게 되는데, 이때 관찰방법을 숙지하고 관찰 시 필요한 자료가 무엇인지 체크하여 빠짐없이 준비한다. 실제 관찰 시엔 기록을 병행하며 관찰이 끝난 후엔 관찰한 내용에 대한 정리 및 자료 해석을 한다. 그 후 실습생은 지도교사에게 관찰과정과 관찰한 내용 및 해석에 대해 지도 받으면서 평가하고, 다음 관찰실습을 계획한다. 이러한 과정을 요약하면 아래와 같다.

☀ **관찰 실습의 과정**

1. 관찰 목표 수립
   - 관찰할 대상
   - 관찰 목적
   - 관찰 시간 및 공간
2. 관찰 방법 결정
   - 적합한 관찰 방법 정하기
   - 필요한 자료 준비하기(기록표, 녹음기 등)
3. 관찰기록
   - 관찰 및 기록하기
4. 결과 기록 및 해석
   - 자료 정리 및 기록
   - 자료 해석하기
5. 관찰실습 평가
   - 지도교사의 지도(관찰 과정, 해석 내용)
   - 다음 관찰 수업 계획하기

(2) 영유아 관찰 실습 시 실습생의 유의 사항

○ 영유아의 행동은 장소, 시간, 환경, 타인 등에 따라 심리적·물리적 영향을 받으므로 이러한 상황들을 고려하여 관찰한다.

○ 정확한 목적을 가지고 관찰을 한다. 자연적인 상황에서 실습기관의 일과 나 영유아의 행동은 매우 복잡하므로 관찰이 미숙한 실습생은 미리 무엇을 관찰할지 정한 후 관찰 할 필요가 있다. 예를 들어 관찰의 초점이 되는 행동(영유아의 발달적 특면, 영유아의 놀이 유형 등)이 무엇인지, 소요 시간, 관찰대상(개별 영유아, 특별한 영유아, 집단 등), 기록 방법(체크리스트, 기록 간격, 일화기록, 시간표집) 등을 사전에 고려한 후 관찰을 실시한다.

○ 실습생은 한꺼번에 많은 영유아나 여러 영역을 관찰하기 어렵다. 영유아별 관찰은 하루에 2~3명, 흥미 영역은 1~2개 영역을 선택하여 집중적으로 관찰하는 것이 좋다.

○ 관찰자이기에 앞서 실습생으로서 어떤 행동이 기대되는지를 알아야 한다. 실습기관마다 실습지도 계획이 동일한 것은 아니므로 지도교사의 지도에 따라 관찰 실습을 한다. 일반적으로 화장실, 간식 시간, 실외 놀이 등과 같이 교사의 일손이 필요한 시간에는 관찰만 하기보다는 보조교사의 역할을 함께 수행해야 한다.

○ 관찰 시 개인적인 편견이나 정서에 영향을 받지 않도록 유의한다.

○ 관찰한 사항은 바로 기록하는 것이 좋으나 여의치 않을 때는 키워드만 기록해 두었다가 일과가 끝나면 정리한다.

○ 관찰 및 해석 내용은 지도교사와의 평가 시간 이외에는 함부로 누설하지 않아야 한다. 특히 관찰 내용을 학부모와 이야기 하는 것은 실습생의 역할에서 크게 벗어나는 일이므로 유의한다.

(3) 영유아 관찰기록

관찰기록은 일화기록처럼 서술식으로 기록되는 형태, 평정척도 사용과 같이 척도 점수 등 다양한 형식을 취하게 된다. 여기서는 보육실습기간 동안 일반적으로 사용되는 대표적인 관찰법을 중심으로 관찰방법과 기록사례를 살펴본다(박낭자 외, 2006).

일화기록 및 표본식 기술

일화기록과 표본식 기술은 모두 영유아를 대상으로 관찰할 때 가장 널리 사용되고 있는 서술식 관찰기록 방법이다(관찰 양식은 부록 참조).

일화기록이란 관찰자가 중요하다고 생각되는 영유아의 행동이나 상황을 관찰한 후 그러한 사건을 있는 그대로 객관적이고 사실적으로 기록하는 것이다. 관찰자는 하나의 사건에 대해 일어난 순서대로 기록을 하게 되는데 관찰자가 의미 있다고 판단되는 상황을 기록하므로 관찰자의 관찰목적에 따라 일화기록의 범주는 달라질 수 있다.

표본식 기술은 일화기록과 마찬가지로 발생한 일에 대해서 순차적으로 사실 그대로를 기록한다는 점에서는 공통적이나 관찰자에 의해 선택된 사건만이 아닌 모든 행동을 기록한다는 것과, 사건이 발생한 후에 기록하는 것이 아니라 행동이 일어남과 동시에 기록한다는 점에서 일화기록과 구별된다(양승희·권세경·황혜경, 2002).

• 유의점

○ 영유아의 행동이나 사건을 기록할 때는 객관적인 사실, 즉 보고 들은 것을 있는 그대로 기록한다.

○ 관찰 대상 영유아뿐만 아니라 상호작용을 하는 다른 영유아, 교사 등의 말과 행동도 현재형과 직접화법으로 기술한다.

○ 관찰자의 해석은 별도로 구분하여 기록한다.

표본식 기술

<table>
<tr><td colspan="3">반 명 : 관 찰 자 :
관찰영유아(성별) : (남, 여) 생년월일 : 년 월 일(만 세)
관찰일시 : 년 월 일 (시 분 ~ 시 분)
장 면 :</td></tr>
<tr><td>시 간</td><td>관 찰 내 용</td><td>해석</td></tr>
<tr><td>등원 및 자유활동
(~ 09:50)</td><td>연주는 등원을 해서 작은 나무에게 인사를 하고 옷을 벗으러 교실로 갔습니다. 9시 40분이 다 되어서 들어왔기에 좀 일찍 등원한 편입니다. 1층 마루로 와서 다른 아이들이 하는 활동을 잠시 본 후 이면지를 가지고 와서 그림을 그립니다. 특별한 상호작용은 없었습니다.</td><td></td></tr>
</table>

시간표집법

시간표집법은 짧은 시간 간격을 두고 미리 선정한 행동의 출현 여부를 기록하는 것이다. 따라서 관찰하고자 하는 사건이나 행동에 대한 조작적인 용어 정의가 분명하게 진술되어 있어야 한다(부록 참조). 또한 관찰하고자 하는 행동은 반드시 표집할 수 있을 정도로 빈번하게(적어도 15분마다 한 번 정도) 발생해야 한다.

이 방법은 서술식 관찰기록에 발생 여부에만 관심이 있으므로 행동의 원인을 파악하기는 어렵고, 빈번하게 발생하지 않는 사건이나 행위를 연구하는 데는 부적합하다는 제한점이 있다. 그러나 시간과 노력이 적게 들어 짧은 시간에 다수의 영유아들을 관찰하고 수량화할 수 있는 장점이 있다.

- **유의점**

○ 하루에 모든 영유아의 놀이를 관찰하는 것은 무리일 수 있으므로 하루에 3~5명을 선정하여 관찰한다.

○ 연구자로서 관찰하는 것은 아니므로 영유아에게 도움이 필요한 상황에는 융통성 있게 대처한 후 관찰을 계속한다.

<table>
<tr><td colspan="8">학 급 명 : 반(만 세반) 관찰일시 : 년 월 일 (시 분 ~ 시 분)
관 찰 자 : 관찰영유아(성별) : (남, 여)</td></tr>
<tr><td colspan="2">시간
구분</td><td>: ~ :</td><td>: ~ :</td><td>: ~ :</td><td>: ~ :</td><td>: ~ :</td><td>: ~ :</td></tr>
<tr><td rowspan="3">놀이상황</td><td>놀이공간</td><td></td><td></td><td></td><td></td><td></td><td></td></tr>
<tr><td>놀이자료</td><td></td><td></td><td></td><td></td><td></td><td></td></tr>
<tr><td>놀이상대</td><td></td><td></td><td></td><td></td><td></td><td></td></tr>
</table>

행동목록법

행동목록법은 어느 정도 구조화된 관찰법으로서 관찰자가 관심 있는 행동목록을 사전에 준비하고, 각 행동의 출현 여부를 '예/아니오' 또는 '그렇다/그렇지 않다'로 표기하는 방법이다(양승희 외, 2002). 이 방법의 장점은 어떤 행동이 나타났는지 아닌지를 판단할 수 있을 뿐만 아니라 특정 행동의 변화 여부를 파악하는 데에 도움이 된다(관찰 양식 전문은 부록 참조).

• **유의점**

○ 기존의 개발·검증된 행동 목록표를 사용한다.

○ 영아반은 원아 수가 적으므로 한 장에 이름을 모두 기록 후 기록할 수 있다.

○ 또는 한 달 간격으로 시간차를 두고 발달의 변화를 관찰할 수도 있다.

성 명		생년월일		성 별	남, 여
기 간	회	년 월 일	회	년 월 일	

발달영역	1학기			2학기			비고
	000	xxx	***	000	xxx	***	
기본생활습관 1. 정리정돈을 할 수 있다. 2. 간식/식사 전에 손을 씻는다. 3. 규칙(차례, 약속)을 잘 지킨다. 4. 어른에게 존댓말을 사용한다. 5. 음식을 골고루 먹는다. 6. 고마워, 괜찮아, 미안해 등의 말을 적절하게 사용한다. 7. 화장실 사용 후 뒤처리를 혼자 한다.							

평정척도법

평정척도법에는 기술평정척도법, 숫자평정척도법, 어의평정척도법 등이 있다. 그 중 기술평정척도 법에 대해서 살펴보면, 이는 영유아 행동 특성의 한 차원을 연속성 있게 몇 개의 행동단계로 나누어 기술한 것으로 보편적으로 3~5개의 범주로 구분하여 평가를 하는 것을 의미한다(양승희 외, 2002).

• **유의점**

○ 기록 방법은 먼저, 각 문항 내용을 보고 가장 부합되는 영유아의 행동 단계에 ∨ 표시를 한다.
○ 만일 여러 단계의 행동을 보일 때에는 더 많이 나타나는 행동에 표시한다.
○ 단계 중의 하나로 판단이 불가능하거나 관찰이 덜 된 문항은 일단 빈칸으로 남겨 놓았다가 추가 관찰을 통해 평정한다(영유아 발달 관찰 양식 전문은 부록 참조).

만3세		발 달 기 준	노력 요함 ⇐⇒ 아주 잘함
신체발달	대근육	발을 번갈아가며 계단을 오르내릴 수 있다.	① ② ③ ④ ⑤
		세발자전거를 타고 방향을 전환할 수 있다.	① ② ③ ④ ⑤
		30㎝ 높이에서 뛰어 내릴 수 있다.	① ② ③ ④ ⑤
		상대방에게 공을 던질 수도 있고, 상대방의 공을 받을 수도 있다.	① ② ③ ④ ⑤
		혼자서 그네를 탈 수 있다.	① ② ③ ④ ⑤
		평균대 위를 바르게 걷는다.	① ② ③ ④ ⑤
		놀이기구에 쉽게 오를 수 있다.	① ② ③ ④ ⑤
		멀리뛰기, 높이뛰기, 뛰어넘기가 가능하다.	① ② ③ ④ ⑤

4 보육실습의 평가

1) 평가의 의의 및 내용

보육실습의 평가는 보육실습의 목표, 내용, 방법 및 과정을 객관적이고 과학적으로 검토하고 판단하는 과정을 의미한다. 이러한 평가활동을 통해 보육실습의 점검 및 반성과 함께 이를 토대로 다음 실습에서의 바람직한 방향을 마련하는 데도 의의가 있다.

평가는 보통 실습 4주 종료시점에서 실시하며, 실습생은 4주 동안의 실습일지 기록을 마무리하고 교재·교구 및 아동관찰일지 등을 정리하여 제출하고 평가를 받는다. 보육실습의 평가는 보육실습의 목표, 내용, 방법, 평가 등의 일련의 보육실습 과정에 대한 객관적, 과학적 검토를 하는 평가와 보육실습을 통해 실습생이 습득한 지식, 기술, 태도 등을 측정하는 평가가 있다.

보육실습 평가에 대한 내용은 다음과 같다(김두범 외, 2004).

2) 보육실습 과정에 대한 평가

○ 보육실습 계획 및 준비
- 대학 및 보육교사 양성기관과 보육실습 시설 측의 준비와 계획은 적절하였는가?

○ 보육실습의 목표
- 보육실습의 목표가 적절하고 구체적인가?

○ 보육실습의 내용
- 보육실습의 내용이 보육교사 양성 교육의 내용을 적절하게 담고 있는가?

○ 보육실습 내용이 효율적으로 계획되었는가?

○ 보육실습 운영
- 보육실습을 운영함에 있어서 효율적이었는가?
- 보육실습을 하기에 적합한 여건이었는가?
- 보육실습을 위해서 대학 및 보육교사 양성기관과 보육실습 시설 간의 협조가 원활하였는가?

○ 보육실습 지도
- 지도 교수의 지도가 적절하였는가?
- 실습기관의 장의 관리는 적절하였는가?
- 지도 교사는 적절한 지도를 하였는가?

○ 보육실습 평가
- 보육실습 평가가 객관성과 타당도가 있는가?
- 보육실습 평가가 이후의 보육실습을 보완하고 보충하는 데 활용도가 있는가?

○ 보육실습 도구, 교재·교구
- 보육실습에서 사용한 실습 도구와 교재·교구가 활용도가 있는가?

이와 같이 보육실습 평가는 평가협의회 등의 형식을 통하여 반드시 이루어져야 한다. 즉, 보육실습 후 실습생의 소감이나 건의사항을 확인하는 작업을 통해 다음 보육실습을 위한 개선점을 찾아 반영할 수 있도록 한다.

3) 실습생에 대한 평가

실습생에 대한 평가는 실습생의 보육교사로의 자질과 능력, 성실성과 연구자세에 대한 평가로 이루어지며 구체적인 내용은 다음과 같다.

○ 근무태도
- 출·결석, 지각, 조퇴 등의 근무상태
- 성실성
- 적극성

○ 학습지도 능력
- 활동 계획 및 계획안 작성
- 지도기술
- 교재 제작 및 활용
- 평가기술
- 교재연구

○ 학급경영 및 사무처리 능력
- 생활지도
- 환경정리
- 사무처리
- 영유아관리

○ 일반자질
- 교사로서의 품위
- 교직에 대한 신념
- 영유아에 대한 태도

○ 연구조사 능력
- 연구태도 및 자세
- 자료수집 및 처리분석

4) 실습생의 자기 평가

보육실습에 있어서 실습기관지와 대학 및 보육교사 양성기관 등 여러 기관이 긴밀하게 연결되어 준비하고 계획하고 활동하지만 보육실습의 주체는 다름 아닌 실습생 자신이다. 그러므로 실습생은 보육실습을 통하여 본인의 능력과 자질을 발견하고 스스로의 진로를 결정하는 중요한 계기로 삼아야 한다. 그러므로 실습생 자신은 실습과정에서 스스로 연구하는 자세로 임하고 실습을 마치는 단계에서는 스스로를 평가하여 진단하는 것이 중요하다.

한국교사교육연구회(1984)에서는 보육실습생의 자기평가 준거를 다음과 같이 제시하였다.

- ○ 영유아의 발달과 행동에 대한 이해의 측면
- ○ 보육활동의 기술적 향상의 측면
- ○ 영유아의 개인차를 발견하고 발달의 원리를 활용하는 측면
- ○ 감정 조절 및 배움의 자세의 측면
- ○ 학급집단에 대한 이해의 측면
- ○ 학급자료의 효율적 이해의 측면
- ○ 학급경영의 기술적 측면
- ○ 영유아의 조화로운 성장 발달을 돕는 측면
- ○ 적절한 평가의 측면
- ○ 실습기관과의 원활한 유대의 측면
- ○ 보육교사직의 수행에 대한 신념의 측면
- ○ 기 타

임승렬·김선희(2006)는 실습생의 자기평가표를 아래와 같이 제시하였다.

평가항목	5	4	3	2	1
1. 교재연구를 충실히 하였는가?					
2. 지도목표에 적합한 지도계획이 수립되었는가?					
3. 영유아의 흥미와 능력을 잘 파악하여 이를 지도계획에 활용할 수 있었는가?					
4. 정확하고 조리 있는 학습지도안을 작성할 수 있었는가?					
5. 필요한 학습 자료를 준비하는 일을 게을리 하지 않았는가?					
6. 영유아의 흥미를 일으키도록 동기유발이 잘 되었는가?					
7. 활동적이고 효과적인 학습을 전개할 수 있었는가?					
8. 개인차에 따른 지도를 하였는가?					
9. 언어가 분명하고 음성의 고저와 빠르고 느림이 적당하여 영유아의 주의를 이끌고 갈 수 있었는가?					
10. 영유아의 놀이집단에 참여하여 적절한 지도를 하였는가?					
11. 교실의 통풍, 채광, 청소, 안전지도와 보호에 관심을 가졌는가?					
12. 교실 내외의 정리정돈과 미화에 힘을 기울였는가?					
13. 장부나 기록을 정확히 기입하여 그 보관에 신중을 기했는가?					
14. 교사나 동료들과 잘 협력하여 호감을 갖도록 최선을 다했는가?					
15. 영유아들과 친밀해지고 신뢰받게 되어 영유아들이 잘 따르게 되었는가?					

제3장

보육실습의 교육계획안 작성

보육실습의 보육계획안 작성

보육실습을 준비함에 있어서는 현장에서 실제 사용하는 보육과정의 내용과 그에 맞는 보육교사의 역할에 대한 인지가 필요하다. 또한 보육실습이 성공하려면, 실습생은 실습기관의 특성에 대해 잘 이해하는 것이 필요하다. 보육은 초·중학교와는 달리, 각 시설의 특성, 철학, 해당 연령에 따라 보육의 목적, 내용, 방법에 있어서 매우 다양하기 때문에 이에 대한 이해는 필수적이다. 따라서 본 장에서는 보육환경에 대한 이해와 일상적인 보육시설의 일과, 보육시설의 특성에 따른 차이, 표준보육과정에서 제시하는 영역별 보육과정 내용과 보육교사의 역할을 살펴보고 이를 토대로 보육실습 시 적용될 수 있는 연간, 월간·주간·일일보육계획안 등의 실제 계획요령을 살펴보도록 한다.

1 보육환경에 대한 이해

보육활동은 교사의 교수를 통해서만 이루어지지 않는다. 영유아가 준비된 환경에서 탐색하고 선택하여 스스로 활동하게 된다. 따라서 보육서비스에 있어서 환경이란 영유아의 학습과 그들의 행동을 결정짓는 매우 중요한 요소이다. 이는 영유아의 발달, 교육에 있어서 환경이 매우 결정적인 역할을 한다는 사실을 의미하는 것으로 아동의 발달 특성, 개인차, 흥미, 욕구 등을 고려한 환경을 구성하여야 함을 의미한다.

영유아를 위한 환경은 해당 연령 아동의 발달적 특성에 따라 적절하게 구성되어야 한다. 0~1세 영아반의 경우, 영아의 생리적인 욕구가 충족될 수 있도록 수유 공간이나 기저귀 갈이 공간 등이 구성되어야 한다. 또한 대근육 활동이 이루어질 수 있는 신체발달 영역이 필수적으로 설치되어야 한다. 2~3세 영유아의 경우, 대근육 활동을 위한 공간의 설치는 필수적이나 이미 치아의 발달도 완성되고 배변 훈련 등도 이루어지므로 별도로 수유를 위한 공간이나 기저귀 갈기 공간 등은 설치되지 않아도 된다. 또한 4~5세 유아를 위한 교실의 경우 언어, 인지, 사회, 정서, 그리고 신체발달이 고르게 발달할 수 있도록 다양한 교구와 흥미 영역이 배치되어야 한다.

아래에서는 발달적으로 적합하기 위하여 영아와 유아를 위한 보육환경이 구성되어 있는지에 대해 구체적으로 살펴보기로 하자.

1) 영아를 위한 환경구성

영아를 위한 환경구성의 특성은 다음과 같다.

환경은 영아의 일상의 삶의 현장으로 가능하도록 구성되어 있다

영아가 하루 중 가장 많이 보내게 되는 공간이 바로 보육시설의 영아 교실인 만큼 교실 환경은 영아의 생활의 장소, 놀이와 활동의 장소, 그리고 교육의 장으로서 기능을 다할 수 있어야 한다. 즉, 영아가 교실에서 가정에서와 같은 분위기를 느껴야 하며 자신의 배변, 식사, 휴식, 잠자기 등의 기본적인 욕구를 만족할 수 있는 장소가 되어야 한다. 이를 위한 구성에는 물리적인 조건 이외에도 심리적 조건이 함께 고려되어야 한다(위생적 설비 : 기저귀 교환대 및 세면대/식사공간).

이러한 보육환경 구성의 원칙을 고려할 때, 2세 미만의 영아의 교육을 위한 환경은 영아의 일상생활 지원 영역과 교육 영역으로 구분할 수 있다. 먼저 일상생활 지원 영역이란 영아의 수유와 이유를 준비하는 공간, 기저귀를 교환하는 공간, 그리고 낮잠을 잘 수 있는 공간 등, 영아의 생리적 욕구에 따른 생활이 가정과 같이 편안하게 이루어질 수 있도록 마련되어 있는 공간을 의미한다.

• **기저귀 가는 영역**

언제든지 기저귀 갈이가 신속하게 이루어질 수 있도록 준비되어야 한다. 이 영역은 먼저 위생상 음식을 준비하는 영역과는 분리되어 있어야 하며 교사가 손을 씻기가 용이한 장소에 배치하여야 한다. 기저귀 가는 영역에는 기저귀, 로션, 연고, 종이, 수건, 파우더, 물휴지, 바닥에 까는 종이나 천 등이 작업이 용이하도록 가까이에 정리되어 있어야 한다. 기저귀를 간 후, 영아를 씻기거나 교사가 손을 바로 씻을 수 있도록 세면대가 함께 배치되어 있으면 더욱 좋다. 또한 기저귀를 가는 영역에는 1세 미만 영아의 흥미를 끌기 위해 영아의 눈높이에 적절한 곳에 작은 인형이나 모빌, 그림 등이 전시, 게시되어 있어야 한다.

• **수유 준비 및 보관, 식사 영역**

영아의 수유를 위하여 음식을 보관, 준비, 먹는 공간은 분리되는 것이 좋고 뒷정리가 용이하도록 싱크대 가까이 배치하는 것이 좋다. 수유를 위한 기구에는 개별 영아의 이름이 표기되어 다른 영아의 것과 바뀌지 않도록 조심하여야 하며, 영아가 먹은 양과 시간을 기록하기 위한 기록지가 함께 비치되어야 한다. 이 공간은 교실 내에 배치되어 준비를 위하여 보육실을 떠나는 일이 없어야 한다.

• **낮잠과 휴식을 위한 공간**

영아는 많은 시간 동안 잠을 자기 때문에 편안하게 잠을 자거나 휴식을 취할 공간이 필요하다. 낮잠이나 휴식 공간은 소음이 나는 놀이 공간과 분리되어야 하고 교사가 쉽게 관찰할 수 있도록 배치되어야 한다. 또한 혼자 휴식할 수 있는 공간에는 누워서 볼 수 있는 모빌이나 발로 차거나 잡아당기면 소리가 나는 놀잇감을 제공하는 것이 좋다.

다음으로 교육 영역이란 영아가 호기심을 가지고 세상을 탐색하며 새로운 것을 경험함으로써 영아의 발달을 촉진할 수 있는 영역을 의미한다. 따라서 교육 영역은 영아들이 스스로 예측하는 것이 가능하고 영아의 능동적인 행동에 대한 반응이 주어지는 환경으로 구성되어야 한다. 2세 미만 영아를 위한 교육 환경에는 이 시기의 발달 특성상, 대근육 활동 영역이 제공되어야 하며 영아의 감각운동 활동과 탐색의 요구를 충족시킬 수 있는 감각 및 탐색 영역, 영아가 자신의 친구를 탐색하고 만나고 상호작용 할 수 있는 사회성 영역과 언어적 상호작용을 할 수 있는 언어 영역 등이 고려되어야 한다. 그러나 2세 미만 영아의 경우, 발달이 통합적으로 이루어지며 활동에서 다양한 영역의 발달이 고려되어야 하므로 전체 영역이 완전히 구분되기보다는 여러 가지 복합적인 활동이 손쉽게 이루어질 수 있도록 유기적으로 결합되어 설치되는 것이 중요하다.

• 대근육 활동 영역

보행기, 기어오를 수 있는 경사로, 안전벨트가 있는 영아용 그네, 천으로 만든 큰 베개, 밀고 당기기나 누를 수 있는 장난감 등이 비치되어야 한다.

• 감각 발달 및 탐색 영역

영아가 감각 및 탐색을 하기 위해서는, 먼저 바람이나 스스로의 동작에 의해 움직이고 매달려 있는 모빌과 같은 물체를 좋아한다. 또한 다양한 소리가 나는 음악상자나 악기, 부드러운 봉제완구, 잡고 흔들고 밀고 누르고 두드리는 등의 탐색이 가능한 놀잇감 등이 비치되어야 한다. 이러한 놀잇감들은 영아가 입으로 가져가는 것이므로 크기가 삼킬 수 없을 정도로 커야 하며 재질 역시 독성이 없는 것이어야 할 뿐 아니라 항상 위생적으로 관리되어야 하므로 매일 소독이 가능한 재질이어야 한다.

• 정서발달을 위한 영역

놀이실에는 영아가 자신을 살펴볼 수 있는 위치에 깨지지 않는 거울을 설치하고 자신의 사진도 붙여 주어 자신에 대해 알 수 있는 기회를 제공하여야 하며 혼자서 조용히 휴식을 취할 수 있도록 작은 소파, 봉제완구, 쿠션 등을 준비해 주는 것이 좋다. 영아가 조용히 휴식을 취할 수 있는 장소는 아늑해야 하며, 포근한 느낌을 가질 수 있도록 천장에서부터 커튼을 드리워 주고 포근한 느낌의 쿠션, 베개 등을 제공해주어야 한다.

• **사회적 영역**

다른 영아와 함께 기어 다니거나 신체적 접촉을 하며 함께 놀이할 수 있도록 안전한 장소와 낮은 테이블 등도 마련되는 것이 좋다.

영아를 위한 공간은 안전과 건강을 고려하여 구성된다

영아를 위한 환경 구성에서 가장 기본적인 조건은 건강 및 안전에 대한 배려이다. 영아는 아직 신체적으로 약하기 때문에 공간의 구성에 있어서 위생과 청결 등의 요소가 매우 중요하게 고려되어야 한다. 이와 같은 건강과 안전에 대한 고려는 영아의 신체적인 측면뿐만 아니라 심리적인 면을 포괄하는 개념이어야 한다. 항상 자신이 환영받고 있다는 느낌, 포근하고 따뜻한 분위기는 영아에게 정서적인 안정감을 가질 수 있도록 도움을 줄 것이다(포근한 영역, 개별 영역).

영아의 움직임과 이동성에 대한 욕구를 최대한 지원할 수 있도록 환경이 구성된다

영아기는 이제 막 걸음을 떼기 시작하면서 자신의 호기심 탐색을 위하여 움직임이 많은 시기이다. 자신의 신체 움직임과 주변 환경에 대한 탐색이 가능하도록 공간을 구성해야 하며 적절한 도전의 기회를 제공하는 것이 중요하다(대근육 활동을 위한 영역).

영아가 보고 듣고 만지고 맛보면서 세상을 경험하고 탐색할 수 있는 환경을 제공한다

영아의 탐색 활동은 능동적이며 적극적이지만, 활동에의 집중시간은 매우 짧다. 따라서 다양한 환경의 구성을 통하여 영아에게 다양한 탐색의 기회를 제공해야 한다.

영아가 스스로를 조절하고 활동을 주도할 수 있도록 적절한 환경이 구성된다

교실의 공간에는 일정한 규칙이 있어야 한다. 대체로 쉬는 장소는 어디이고 장난감은 어디에 정리해야 하는지, 놀잇감을 선택할 수 있는 안전한 환경을 제공해야 한다. 풍부한 환경이 제공되지 못한다면 영아는 활동의 의욕이 줄어들게 되고 사회적으로, 혹은 인지적으로 불충분한 발달을 초래할 수도 있다. 따라서 항상 풍부한 환경이 영아가 스스로 활동하고 성취할 수 있도록 제공되어야 하며 안전하고 위생적으로 유지되어야 한다.

실내 환경을 구성하는 원칙으로는 부드러움-딱딱함/개방-폐쇄/단순-복잡/이동성-낮은 이동성/개입-격리 등의 다섯 요소를 고려하여 구성된다

공간의 구성에서는 개별적 공간-사회적 공간, 그리고 조용한 공간과 활동적인 공간이 함께 병존하도록 하는 것이 좋다(식사 및 간식 영역/낮잠 영역/배변, 화장실 / 조용하고 편안한 영역 / 대근육 활동 영역 / 탐색 및 작업 영역 / 역할놀이 영역).

2) 유아를 위한 환경의 구성

유아를 위한 환경은 다음과 같은 원칙에 의해 구성된다.

첫째, 유아의 발달과 심리적 특성을 고려하여 안전하고 다양한 물리적 환경을 조성한다. 유아가 능동적으로 자신이 관심 있어 하는 주제나 환경을 탐색하고 이 과정에서 교사, 성인, 또래, 교구와 적극적으로 상호작용하는 방식으로 이루어진다. 따라서 유아의 호기심을 충족시킬 수 있는 다양한 환경이 제공되어야 한다. 이를 위해 실내·외 환경은 유아와 유아, 유아와 교사, 유아와 교재·교구 간의 상호 작용을 효과적으로 증진 시킬 수 있는 다양한 홍미 영역을 구성하여 자율적 선택의 기회를 높여 준다.

홍미 영역은 언어 영역, 과학 영역, 컴퓨터 영역, 조형 영역, 수·조작 놀이 영역, 쌓기 놀이 영역, 역할놀이 영역, 물·모래놀이 영역, 목공놀이 영역 등이

다. 그러나 모든 영역을 설치해야 하는 것은 아니므로 각 원의 상황에 적합하도록 설치하는 것이 좋다. 다양한 영역 중 언어·역할·쌓기 영역 등이 필수적으로 설치되어야 하며 조형 활동, 조작 활동 그리고 음률 활동 등도 그 중요성이 큰 영역이다. 이들 흥미 영역에서 조용한 활동과 활동적인 활동 간의 균형이 이루어지도록 설치되어야 하며 서로 방해가 되지 않도록, 그러나 연관이 될 수 있도록 배치되는 것이 좋다. 그리고 각 흥미 영역은 교실 전체를 한눈에 볼 수 있도록 개방적으로 배치하고, 유아의 발달 및 요구 수준, 주제별 활동 내용, 계절에 따라 놀잇감을 변화 있게 제공해야 한다. 또한 각 흥미 영역에 배치되는 교재·교구, 시설·설비는 안전성, 견고성 등이 고려되어야 한다.

실외에는 대근육 활동을 활발히 할 수 있도록 충분한 공간과 안전한 시설·설비를 갖춘다. 실외놀이 영역은 신체 활동, 역할 놀이, 탐구 영역, 물·모래 영역, 작업 영역, 창고 등으로 구성한다. 특히 실외놀이 공간에도 정적인 영역을 설치하여 조용한 활동을 원하는 유아의 요구를 충족시켜 주어야 한다. 정적 놀이 영역은 잔디밭이나 앉을 수 있는 자리, 혼자 놀이를 할 수 있는 공간을 고려하여 실외 공간의 1/3 정도가 되도록 한다.

둘째, 한 가지 주제나 활동 내에 유아의 신체적·사회적·정서적·인지적 발달 영역이 통합적으로 나타날 수 있도록 한다. 그러므로 어떤 주제하에서라도 통합된 방식으로 발달의 모든 영역을 지원할 수 있어야 한다. 이를 위해서는 유아가 하는 실내·외 활동이 교육계획과 연관성을 가지고 있어야 한다. 이는 모든 흥미 영역의 활동이 연간·월간·주간·일일계획안의 계열성과 연관되어 이루어져야 함을 의미한다.

셋째, 유아에게 제공되는 교재·교구들은 구체적이고 실제적이며, 영유아의 실생활과 밀접한 연관성을 갖고 있어야 한다.

넷째, 유아의 사회적 발달을 고려하여 나누어 쓰기, 양보하기, 순서 지키기 등의 사회적 활동이 이루어질 수 있는 환경을 조성한다. 또한 이 시기에 스스로 자율적으로 정리 정돈하는 습관이 길러질 수 있도록 유아 혼자서 정리정돈할 수 있는 환경을 구성하는 것이 좋다.

2 보육과정에 대한 이해

1) 일상적인 보육시설의 일과

보육프로그램의 구성은 해당 영유아의 연령에 따라 차이가 있으나 일상적인 보육과정의 운영은 대체적으로 다음과 같다.

[일상적인 보육과정 일과]

시 간	일 과
7:30 ~ 9:00	등원 및 건강상태 체크, 아침식사 제공 자유선택 활동 및 정리정돈
9:00 ~ 9:30	인사 나누기 및 하루일과 안내 혹은 대집단 활동 (1)
9:30 ~ 10:20	실내자유선택 활동
10:20 ~ 10:30	정리정돈 및 화장실 다녀오기(손 씻기)
10:30 ~ 10:50	오전간식
10:50 ~ 11:20	대집단 활동(2)
11:20 ~ 12:20	실외놀이(혹은 산책)
12:20 ~ 12:30	손 씻고 점심준비
12:30 ~ 13:30	점심식사 및 양치질
13:30 ~ 15:00	낮잠 및 휴식
15:00 ~ 15:10	화장실 다녀오기 및 침구정리
15:10 ~ 15:30	대집단 활동(3)
15:30 ~ 15:50	오후 간식
15:50 ~ 16:40	실외 활동(혹은 산책)
16:40 ~ 17:40	실내 자유선택 활동
17:40 ~ 17:50	정리정돈
17:50	귀가지도

앞의 일과에 의하면, 보육시설에서의 일과 구성은 대집단 활동과 개별적인 선택 활동으로 어우러짐을 알 수 있으며 하루에 1회 이상의 실외 활동, 오전과 오후 간식이 각각 1회씩, 그리고 오전, 오후의 자유선택 활동 2회 및 오후

의 휴식시간이 포함된다. 또한 활동의 내용을 살펴보면, 하루 중 긴 시간을 시설에서 지내지만, 오전과는 달리 오후 시간의 경우 대집단 활동보다는 개별적인 활동을 주로 배치하고 있다.

보육시설의 하루일과는 위에서 제시한 기본적인 일과를 바탕으로 연령에 따라 조금씩 차이를 보인다. 즉, 연령이 어릴수록 하루의 일과에서 기저귀 갈기나 수유, 배변 등과 같은 차이를 보인다. 또한 연령이 어릴수록 하루의 일과에서 기저귀 갈기나 수유, 배변 등과 같은 일상적인 양육과 관련된 활동이 증가하게 되고, 연령이 높아질수록 교육과 관련된 활동들의 비율이 증가하게 된다. 특히 오전, 오후에 각각 1회씩 2회 이상의 낮잠을 자게 되는 0세아의 경우 하루의 일과는 영아의 신체적 요구에 따라 융통성 있게 조절되며, 그들의 발달적 요구를 최대한 반영하여 구성된다.

[만 0세 일일계획안 예]

시 간	하루일과
7:30 ~ 8:30	등원 및 건강 체크, 개별 활동
8:30 ~ 9:00	기저귀 갈기 및 체조하기
9:00 ~ 9:30	수 유
9:30 ~ 11:00	잠자기
11:00 ~ 11:20	기저귀 갈기
11:20 ~ 12:00	일광욕 및 일상생활
12:00 ~ 13:00	함께 놀아요(자유선택 활동) 신체 활동, 사회관계, 의사소통(언어), 자연탐구(탐색)
13:00 ~ 13:30	수유 및 이유
13:30 ~ 15:30	잠자기
15:30 ~ 15:50	기저귀 갈기
17:00 ~ 17:30	수 유
17:30 ~ 18:00	잠자기
18:00 ~ 18:30	기저귀 갈기
18:30 ~ 19:00	귀가 준비 및 개별 귀가

출처: 양승희 외(2007).

만 2세가 되기까지 영아의 경우, 보육 프로그램은 교육을 위한 활동보다는 일상적 양육과 관련된 시간이 많이 배정된다. 교육을 위한 활동도 대부분 개별 활동으로 이루어지기 때문에 교실의 교육적 환경의 구성이 좀 더 강조된다. 또한 교사에게는 영아와의 세밀한 개별적 상호작용의 기술이 요구된다고 하겠다.

만 2세 이후 영유아를 위한 하루의 일과에는 활동을 위한 시간이 배정된다. 2, 3세의 경우에는 물론 대집단 활동을 지양하고 대부분이 자유선택 활동 중심의 개별 활동으로 이루어지지만, 언어, 신체, 정서, 사회, 인지발달 등 5개 영역과 관련된 활동이 조화롭게 제공된다. 2, 3세 교실에서 대집단 활동으로 모이는 경우는 하루일과 시작 전에 서로 인사하고 출석을 확인하거나 동화 듣기, 생일 축하와 같은 활동의 경우에만 이루어진다.

시 간	주요일과
8:00 ~ 9:00	등원 및 개별 활동
9:00 ~ 10:40	오전 실내 자유놀이 및 오전 간식
10:40 ~ 10:50	전이
10:50 ~ 11:50	오전 신체 활동 놀이
11:50 ~ 12:30	점심 식사
12:30 ~ 15:00	낮잠 및 휴식
15:00 ~ 16:40	오후 실내 자유놀이 및 간식
16:40 ~ 18:00	오후 신체 활동 및 전이
18:00 ~ 19:00	저녁 식사, 조용한 놀이 및 귀가
19:00 ~ 20:00	저녁 통합보육

만 4, 5세가 되면 다양한 활동이 제공된다. 이제는 개별적인 활동도 중요하지만 여러 친구들과 어울려 함께 협동하고 사회적으로 상호작용하는 것이 가능해지고 이러한 사회적인 기술을 배워야 하는 시기이므로 대집단 활동과 개별 활동이 균형 있게 배치된다. 또한 정적인 활동과 동적인 활동이 교차되어 일과가 구성되어 유아의 활동에의 몰입을 지원하게 된다. 또한 하루일과 중 적어도 1회 이상의 실외 활동을 배치하여 실내 활동과 실외 활동의 조화를 이루도록 하고 구성된다.

시 간	주요일과
8:00 ~ 9:00	등원 및 건강관찰 개별 놀이 활동 및 아침식사
9:00 ~ 10:00	오전 실내 자유놀이
10:00 ~ 10:10	화장실 다녀오기 및 정리정돈
10:10 ~ 10:40	대 · 소집단 활동
10:40 ~ 11:00	오전 간식
11:00 ~ 11:30	대 · 소집단 활동
11:30 ~ 12:30	실외 놀이 혹은 산책
12:30 ~ 13:30	점심 식사
13:30 ~ 15:00	낮잠 및 휴식 정리정돈
15:00 ~ 15:50	오후 실내 자유놀이 및 간식
15:50 ~ 16:00	정리정돈
16:00 ~ 16:30	오후 간식
16:30 ~ 16:50	정리정돈 및 화장실 다녀오기
16:50 ~ 18:00	실내 · 외 대 · 소집단 활동 혹은 선택 활동
18:00 ~ 19:00	조용한 놀이 및 귀가

2) 취약보육에 대한 이해

현재 영유아보육법에서는 취약보육에 대하여 「영유아보육법」 제26조에서 "영아 · 장애아 등에 대한 보육"으로 정의하고 있으며 이외에도 시간 연장, 24시간, 휴일, 방과 후 보육 등이 실시되고 있다. 구체적인 특성을 살펴보면 다음과 같다.

○ 시간 연장 보육 : 기준 보육시간(7:30 ~ 19:30)을 경과하여 21:00시 이후까지 시간을 연장하여 시행하는 보육을 의미

○ 24시간 보육 : 부모의 경제 활동이나 가정형편으로 불가피하게 야간보육이 필요한 아동을 대상으로 24시간 보육서비스를 제공하는 경우를 의미

○ 휴일보육 : 부모의 경제 활동이나 가정형편으로 불가피하게 일요일 및 공휴일에도 영유아를 보육하는 것을 의미

○ 방과 후 보육 : 초등학생을 대상으로 학교 방과 후에 보육서비스를 제공하는 경우를 의미

○ 영아보육 : 영아반을 운영하고 있는 경우를 의미

○ 장애아 전담보육 : 장애아 20명 이상을 정원으로 할 수 있는 시설을 갖추고 상시 18인 이상의 장애아를 보육하는 경우를 의미

○ 장애아 통합보육 : 전체 정원의 20% 이내의 장애아를 일반 아동 학급에 통합하여 보육하는 경우를 의미

영아보육의 경우, 현재 영아전담, 혹은 영아반 운영을 하는 경우를 의미하며 0세부터 2세 미만까지의 보육을 의미한다. 이제까지 제시한 취약보육의 경우는 일반 보육과정의 운영이외에 부가되는 보육서비스를 제공하는 형식으로 보육시간 이외에 추가 보육을 제공하거나 대상을 달리하는 경우이기 때문에 보육실습을 받을 경우에도 특별히 다른 점을 인식하기 어렵다.

그러나 장애전담이나 장애통합 보육의 경우는 정확한 인식과 이해가 필요하다. 장애전담 보육의 경우는 장애아만 20명 이상을 보육하기 위하여 설치된 보육시설로 상시 18명 이상의 장애아를 보육하는 시설을 의미한다. 이 경우, 각 학급은 장애의 종류 및 정도에 따라 반을 편성·운영하게 되며 보육교사, 특수교사, 치료사 등이 함께 보육에 참여한다. 장애아 전담시설에 실습을 나가는 경우는 장애아 특수보육에 대한 특별한 관심이 있는 경우에 가능하다.

이에 반해 장애통합 보육시설의 경우, 장애아반을 전체 보육시설 정원의 20% 이내에서 편성 운영하거나 장애아반을 별도로 편성하지 않은 상태에서 장애아를 3명 이상 통합보육하고 있는 보육시설을 의미한다. 장애아 반에는 장애아 3인당 1명의 장애아전담 보육교사가 배치되어 있으며 일부 활동에서는 일반 아동과 함께 통합되어 활동을 하기도 하며 일부 활동은 장애아와 일반 아동이 분리되어 수업이 진행되기도 한다. 일반적으로 일반아동 학급에 통합되는 장애아의 경우, 그 정도가 경증에 해당되며 장애전담 교사가 따로 배치되기 때문에 일반아동과 통합되어 활동이 이루어지는 데 크게 지장을 받지 않는다. 그러나 활동을 계획함에 있어서 통합적으로 이루어지는 활동의 경우라면 실습을 위한 교육계획에서 이러한 점을 반영하여야 한다.

3 표준보육과정에서의 영역별 목표 및 내용

표준보육과정은 총 6개의 영역으로 구성하였으며, 각 연령 구분 안에서는 1~3수준까지 다시 구분을 하였다. 여기서 수준이란 연령, 발달, 개인차를 포함한 의미로 연령을 중심으로 발달적 개인차를 고려하는 보다 융통적인 의미로 사용한다. 보육교사의 역할에서는 해당 연령에서 교사가 반드시 알아야 하는 발달적 지식, 물리적 환경 구성방법, 지도방법, 지도 시 유의점 등의 내용을 포함하였다.

1) 표준보육과정의 영역별 내용과 보육교사의 역할

사회관계

본 영역의 목표는 영유아들이 자신에 대한 존중감을 기르고, 자신과 다른 사람의 정서를 인식하고 이를 사회적 관계에서 적절히 조절하여 활용할 수 있도록 하며, 가족과 또래, 그리고 지역사회와 긍정적인 관계를 형성하고, 유능한 사회구성원으로 기능하기 위하여 필요한 사회적 지식을 획득하도록 하는 것이다. 우리나라 영유아들의 발달과 문화에 적합하게 구성되어 통합적으로 이루어지는 본 영역의 이러한 보육과정은 영유아들을 올바른 판단과 합리적인 결정을 할 수 있는 우리나라의 책임 있는 민주시민으로 성장하도록 하는 데 도움이 될 것이다. 본 영역의 구체적인 목표는 다음과 같다.

- ○ 자신의 독특한 자아에 대해 인식하고 자신감과 독립심을 기른다.
- ○ 자신과 타인의 정서를 이해하고 표현하며, 자신의 정서를 조절하고 활용한다.
- ○ 다른 사람과의 관계를 이해하고 더불어 살아가는 능력을 기른다.
- ○ 자신을 둘러싼 사회현상에 관심을 가지고 이해한다.

내용범주	2세 미만	2세	3~5세
자기 존중	•자신을 분리된 존재로서 인식하기	•자신을 다른 사람과 구별하기 •자신에 대해 긍정적으로 생각하기 •독립적으로 행동하기	•자신의 소중함을 알기 •자신감과 독립심 기르기 •성정체감 형성하기
정서인식과 조절	•자신의 정서를 느끼고 표현하기	•자신의 정서를 적절하게 표현하기 •다른 사람의 정서에 관심가지기	•자신과 다른 사람의 다양한 정서를 인식하고 표현하기 •자신의 정서를 조절하고 활용하기
사회적 관계	•다른 사람에게 관심가지기 •양육자와 애착 형성하기	•가족관계 이해하기 •또래에게 관심가지기 •자신이 속한 집단 알기	•가족과 화목하게 지내기 •또래와 사이좋게 지내기 •공동체 정신 기르기 •다양성을 존중하기
사회적 지식			•우리나라에 관심가지고 이해하기 •경제생활에 관심가지고 이해하기 •시간의 흐름에 관심가지고 이해하기 •지역사회와 환경에 관심지고 이해하기 •세계 여러 나라에 관심가지기 •미디어를 이해하고 활용하기

2) 의사소통

영아는 듣고 말하는 것을 즐거워하고, 상황에 맞는 언어를 익힌다.

유아는 일상생활에 필요한 의사소통능력과 기초적인 문제해결능력을 기르고, 바르고 즐거운 언어생활 태도와 습관을 가진다.

○ 다른 사람의 이야기를 주의 깊게 듣는 태도와 이해력을 기른다.
○ 바른 태도와 정확한 발음으로 자신의 느낌, 생각, 경험을 말로 표현하는 능력을 기른다.
○ 주위의 사람들과 대화하고 여럿이 함께 토론하며 서로의 의견을 나누는 경험을 갖는다.
○ 글과 글자에 친숙해지는 경험을 통해 읽기와 쓰기에 흥미를 갖는다.

[연령별 내용체계]

내용 범주	2세 미만	2세	3~5세
말하기	•다양한 사물의 소리에 반응하기 •말소리를 구분하여 듣기 •일상적인 경험과 관련하여 말소리 듣기	•주변의 소리에 관심 갖기 •크고 작은 말소리 구분하기 •짧은 이야기와 노래 듣기 •단순한 지시에 따르기	•어휘의 발음 경청하기 •동요, 동시, 동화 듣기 •낱말과 문장을 듣고 이해하기 •이야기 듣고 이해하기 •바른 태도로 듣기
듣기	•발성과 발음으로 소리내기 •친숙한 사물의 이름 말하기 •말소리와 몸짓으로 의사소통하기	•사물의 이름을 말하기 •행동과 상황에 맞는 말하기 •생각과 느낌을 말하기 •도구를 이용하여 다른 사람과 대화하기	•바르게 발음하여 말하기 •낱말과 문장으로 말하기 •자신의 느낌, 생각, 경험 말하기 •상황에 맞는 언어를 사용하기 •바른 태도로 말하기
읽기	•읽어 주는 짧은 글 즐기기 •그림책에 관심 보이기	•글자 모양에 관심 가지기 •읽어 주는 글에 관심 가지기 •그림책에 관심 가지기	•읽기에 흥미가지기 •읽어 주는 글 이해하기 •그림책에 흥미가지기
쓰기	•소근육을 사용하여 잡기 •긁적거리기를 시도하기	•긁적거리기 •글자의 느낌을 경험하기 •쓰기도구에 관심가지기	•말과 글의 관계 알기 •쓰기 도구 및 매체 사용하기 •낱말과 문장 쓰기에 흥미가지기 •자신의 느낌, 생각, 경험 쓰기에 흥미 가지기

3) 신체 · 운동

자신의 신체를 긍정적으로 인식하고 즐겁게 신체활동에 참여함으로써 영유아기에 필요한 기본 운동능력을 기른다.

이와 같은 목표 아래 신체·운동 영역에서는 다음과 같은 세 가지 하위목표를 설정하였다.

- ○ 기본적 감각능력을 기르고, 자신의 신체를 긍정적으로 인식한다.
- ○ 신체를 조절하고 기본운동 능력을 기른다.
- ○ 신체활동에 즐겁게 참여한다.

[연령별 내용체계*]

<table>
<tr><th>내용범주</th><th>2세 미만</th><th>2세</th><th>3~5세</th></tr>
<tr><td rowspan="3">감각 및 신체인식</td><td colspan="3">감각능력 기르기</td></tr>
<tr><td colspan="3">감각 기관 활용하기</td></tr>
<tr><td colspan="3">신체를 인식하고 움직이기</td></tr>
<tr><td rowspan="5">신체조절 및
기본운동</td><td colspan="3">신체 조절 및 균형감 기르기</td></tr>
<tr><td colspan="3">이동 운동하기</td></tr>
<tr><td colspan="3">비이동 운동하기</td></tr>
<tr><td colspan="3">조작 운동하기</td></tr>
<tr><td></td><td></td><td>동작의 요소를 인식하고 움직이기</td></tr>
<tr><td rowspan="2">신체활동참여</td><td colspan="3">신체활동에 참여하기</td></tr>
<tr><td></td><td colspan="2">안전하게 신체활동하기</td></tr>
</table>

4) 예술경험

주변 사물 및 환경에 있는 예술적 요소나 예술작품에 관심을 보이고 즐김으로써 심미감과 창의성 및 풍부한 감성을 기른다.

○ 주변의 단순한 예술적 요소에서부터 점차 다양한 요소까지 관심을 보이고 탐색한다.
○ 자신의 생각과 느낌을 극, 동작, 음악, 미술로 표현하는 것을 즐기며 점차 다양한 양식을 사용하여 창의적으로 표현한다.
○ 생활 속에서 자연과 사물 및 예술 작품들을 보고 즐긴다.

[연령별 내용체계]

내용범주	2세 미만	2세	3~5세
심미적 탐색	•자신의 신체와 감각자극에 호기심보이기	•주변 환경의 예술적 요소 탐색하기	•가작화 요소를 탐색하기 •춤과 동작요소를 탐색하고, 관련정보에 관심 갖기 •음악적 요소를 탐색하기 •미술적 요소를 탐색하기
예술적 표현	•모방행동 즐기기 •소리와 몸동작으로 반응하기 •단순한 미술 경험 시도하기	•모방과 단순한 가작놀이하기 •몸동작으로 반응 •리듬이나 노래로 반응하기 •단순한 미술활동 즐기기	•극놀이로 표현하기 •적극적으로 몸 움직이기 •도구를 활용하여 몸으로 표현하기 •리듬 만들기 •노래 부르기 •미술활동 즐기기 •다양한 미술재료 사용하기 •통합적으로 표현하기
예술 감상	•소리나 노래 즐겨듣기 •사물의 형태 즐겨보기	•주변 환경의 예술적 요소에 관심 갖고 즐기기	•극놀이 감상하기 •춤 감상하기 •음악 감상하기 •미술작품 감상하기

5) 자연과학탐구

주변의 여러 가지 사물과 자연환경을 지각하고 호기심을 가지며 지속적으로 탐구하는 태도와 기초능력을 기른다.

○ 주변의 여러 가지 사물과 자연환경에 대해 지속적으로 호기심을 가진다.

○ 일상생활의 여러 상황과 문제를 수학적으로 이해하고 해결하기 위한 기초능력을 기른다.

○ 주변의 여러 가지 사물과 자연환경을 탐구하고 이해하는 데 필요한 기초능력을 기른다.

[연령별 내용체계]

내용범주	2세 미만	2세	3~5세
탐구적 태도	•주변의 사물과 환경에 관심 가지기	•주변의 사물과 환경에 호기심 가지기	•주변의 사물과 환경에 대한 호기심 지속하기
	•반복적으로 탐색하기	•반복적으로 탐색하기	
		•문제해결에 관심가지기	•탐구심 가지기
			•기초 탐구 기술 활용하기
수학적 탐구	•수량 지각하기	•수량 관계 인식하기	•수 개념 형성하기
	•주변 공간 탐색하기	•공간과 도형 인식하기	•공간 및 도형 개념 형성하기
	•비교하기	•비교하기 및 순서 인식하기	•측정하기
	•간단한 규칙성 지각하기	•간단한 규칙성 인식하기	•규칙성 이해하기
		•구분하기	•자료 수집 및 분석하기
과학적 탐구	•주변의 사물 지각하기	•물체와 물질의 특성 탐색하기	•물체와 물질의 기본특성 알기
	•주변 생명체에 관심 가지기	•주변 생명체의 외적 특성 알기	•생명체와 환경과의 관계 알기
	•자연 현상 지각하기	•자연 현상 인식하기	•자연 환경 이해하기
		•생활 속의 도구와 기계에 관심가지기	•도구와 기계 활용하기

6) 기본 생활

건강하고 안전한 생활습관을 길러 자신의 건강을 스스로 관리하고 위험으로부터 자신을 보호할 수 있는 능력을 기른다.

- ○ 청결과 위생, 수면과 휴식, 바른 식생활 및 의생활을 통해 발달을 촉진하고 건강을 증진한다.
- ○ 심신의 건강을 바탕으로 여러 활동에 적극적으로 참여하고 즐겁게 생활한다.
- ○ 위험한 요인과 상황에 대해 알고 안전하게 대처하는 능력을 길러서 자신과 타인을 보호한다.

[연령별 내용체계]

내용범주	2세 미만	2세	3~5세
건강한 생활	•몸을 깨끗이 하기 •즐겁게 먹기 •적당한 잠자기와 휴식하기 •즐거운 생활하기	•몸을 깨끗이 하기 •올바른 태도로 먹기 •적당한 잠자기와 휴식하기 •즐겁게 활동하기 •스스로 옷 입고 벗기 •건강에 관심 갖기	•몸과 주변 환경을 깨끗이 하기 •식생활을 바르게 하기 •적당하게 잠자고 휴식하기 •적극적으로 활동하기 •옷을 상황에 맞게 입기 •건강에 관심 갖고 건강생활 실천하기
안전한 생활	•놀잇감을 안전하게 사용하기 •위험한 상황을 알기	•놀이규칙에 따라 안전하게 놀이하기 •위험한 상황을 알고 조심하기 •탈 것의 위험을 알고 안전하게 다니기	•안전하게 놀이하고 타인의 안전을 배려하기 •위험한 상황에서 안전하게 행동하기 •탈 것을 안전하게 이용하기 •안전교육의 중요성을 알고 참여하기

4 보육계획안 작성

실습기관에서 보육프로그램의 계획은 보통 1년을 중심으로 하는 연간계획을 세운다. 연간보육계획은 생활주제들로 이루어지는데 대체로 생활주제는 월간보육계획의 내용이 된다. 각 생활주제는 유아의 흥미·요구·지역사회의 여건 및 환경에 따라 몇 개의 주제로 나누어지는데, 이는 주간보육계획의 내용이 된다. 일일계획은 등원에서부터 귀가에 이르기까지의 일과시간표로 작성이 되며, 교사가 계획한 일일보육계획안은 교실에서 실제로 수행할 수 있는 최종계획이 된다. 이처럼 연간계획, 월간계획, 주간계획, 일일활동계획은 순서대로 작성하며 서로 연결되고 상호 연관성을 갖고 진행하도록 한다.

아래에는 영아반(만 0세~만 2세)과 유아반(만 3세~만 5세) 연간계획, 월간계획, 주간계획, 일일활동계획의 예를 제시해 놓았다.

1) 연간보육계획

연간계획은 1년 동안 이루어지는 보육프로그램에 대한 포괄적인 계획으로, 생활주제와 관련해 유아의 흥미와 부모의 요구, 지역사회와의 협력 등을 반영할 수 있도록 계획한다.

또한 보육계획을 함에 있어 별도의 주제를 선정하여 주제별 연간계획을 구성하기도 한다.

[유아반 연간보육계획의 예]

월	대주제	소주제	월	대주제	소주제
3	새로운 만남	•새로운 우리반 •우리 반에서의 생활 •질서 있게 생활해요 •예절 바르게 생활해요 •친구와 함께 놀이해요	9	우리나라/ 세계 여러 나라	•우리나라 •자랑스러운 문화유산 •먼 나라 이웃나라 •하나 되는 세계
4	자연은 내 친구	•봄의 변화 •흙을 움직이는 새싹들 •잠에서 깨어나요 •궁금한 것이 많아요.	10	풍성한 가을/ 즐거운 책	•아름다운 가을 동산 •풍성한 가을이예요. •책에 대한 궁금증 •즐거운 책
5	나와 가족	•나는 ㅇㅇㅇ입니다. •내 몸은 소중해요 •남자와 여자는 달라요 •소중한 가족	11	기계와 도구/ 보도기관	•편리한 도구 •고마운 기계 •여러 가지 탈 것 •신문과 라디오 •재미있는 텔레비전
6	이웃사촌/ 동물농장	•내가 살고 있는 곳 •고마운 이웃 •서로 다른 동네 •동물이 궁금해요 •공룡이 궁금해요	12	꽁꽁 겨울	•겨울의 변화 •겨울철 신나는 놀이 •이웃사랑 나누며 살아요 •메리 크리스마스
7	쨍쨍 여름	•여름철 날씨 •건강한 여름 보내기 •장마와 비 •재미있는 물놀이	1	지구와 우주/ 환경보호	•우리가 사는 지구 •신비한 우주 •지구가 아프대요 •자연사랑 지구 사랑
8	여행/ 빛과 그림자	•바다로 산으로 출발 •내가 가본 곳을 소개해요 •그늘과 양지 •빛의 특성 •빛을 이용해요	2	아쉬움과 설렘	•이만큼 자랐어요. •어린이집 생활을 돌아보며 •초등학생 준비를 해요 •선생님, 친구들 안녕!

[영아반 연간보육계획의 예]

월	대주제	소주제	월	대주제	소주제
3	즐거운 어린이집	•엄마와 인사해요 •선생님과 함께 놀아요 •친구와 함께해요 •재미있는 놀잇감	9	맛있는 음식 가을	•맛있는 음식 •추석 •가을에 열매 •허수아비 아저씨
4	할 수 있어요	•화장실에 가고 싶어요 •맛있게 먹어요 •혼자 할 수 있어요 •다치지 않게 놀아요 •싸우지 않아요	10	여러 가지 탈 것	•자동차 •기차와 지하철 •비행기 •배 •교통안전
5	나와 가족	•나 •사랑하는 엄마, 아빠 •우리 가족 •내가 좋아하는 것	11	동물친구들	•여러 종류의 동물들 •동물원 •동물의 소리 •동물 흉내내기
6	생활습관	•깨끗한 생활 •변기 사용 •휴지 사용 •손 씻기	12	추워요	•날씨가 추워요 •따뜻하게 입어요 •눈과 눈사람 •성탄절
7	더워요	•더워 졌어요 •선풍기 놀이 •모래놀이 •재미있는 물놀이	1	궁금해요	•여러 가지 모양 •색 이름을 알아봐요 •소리를 들어봐요 •만들어 봐요
8	함께해요	•맞추기 •쏟고 담기 •아가기 •뛰뛰기	2	이만큼 컸어요	•정든 친구들(1) •정든 친구들(2) •나도 이젠 많이 컸어요 •새 환경에 적응하기

주제별 연간보육계획안의 예

[생활안전 연간교육계획안]

월	주제	내용	월	주제	내용
3	어린이집에서의 안전	•교실에서의 안전한 행동 •복도와 계단에서의 안전 •화장실에서의 안전	9	기계와 도구의 안전	•주변에 있는 기계와 도구의 안전 (승강기, 에스컬레이터, 냉난방기, 주방도구 등)
4	집밖에서의 안전	•집밖에서의 안전한 놀이 장소와 놀이행동 (부모에게 놀이장소 알리기)	10	길을 잃었을 때의 안전	•길을 잃을 수 있는 장소 •길을 잃었을 때 도움을 요청하는 방법
5	낯선사람에 대한 안전	•낯선 곳의 안전 (주소, 전화번호 외우기) •낯선 사람에 대한 안전 (대화법과 상황 대처법)	11	겨울철 안전	•겨울철 놀이의 안전놀이 •빙판에서의 안전
6	성폭력안전	•내 몸의 구조 알기 •몸 중에서 만질 수 없는 부분 •몸을 만질 때의 대처법 •부모님께 말하는 것의 중요성	12	화재안전	•불에 대한 안전 •겨울 난방기구에 대한 안전 •뜨거운 음식물 안전
7 ~ 8	물놀이안전 여름철안전	•물놀이 안전 •구조를 요청하는 법 •여름철 음식물 조심 •약물안전(살충제)	1 ~ 2	약물안전	•집안에 있는 독성이 있는 약물들 알기 •약물의 위험성 알기 (함부로 먹지 않기) •약품상자는 어른들만이 다루는 것의 중요성

월	주제	내용	월	주제	내용
3	반가운 친구들	•오리엔테이션 •수건돌리기 •우리는 하나 •꼭꼭 숨어라 •징검다리 오솔길	9	전통놀이	•투호 던지기 •딱지놀이 •꼬마야 꼬마야 •닭싸움
4	우리는 새싹	•숟가락 저울 •아슬아슬 산가지 •신체장애체험 •화살 던지기	10	가을	•엉덩이로 밀어내기 •얼음땡 •손발림보 •코끼리 달리기
5	어린이 날	•꼬마 인디언 •선생님 도와주세요. •가위 바위 보 •우리 집에 왜 왔니?	11	우리는 하나	•아슬아슬 산가지 •코끼리 코잡고 과자먹기 •종이컵 릴레이 •훌라후프 굴리기
6	우리나라	•무궁화 꽃이 피었습니다. •곰돌이 걸음마 •둘이서 한마음 •림보댄스 •말 전달하기, 둘이 살짝	12	재롱잔치	•수퍼볼 옮기기 •막대리본으로 모양 만들기 •고무줄 놀이, 재기 놀이 •소나기 화살
7	더위를 이기자	•파도 만들기 •아이돼지 몰이 •꼬리잡기 •친구와 함께 달려요	1	한살 더 먹었어요	•죽마걷기 •하늘과 땅 •끈 달린 공 던지기 •구슬치기
8	여름 이야기	•마주보고 걷기 •지그재기 달리기 •림보 릴레이 •비치볼 놀이	2	선생님 안녕	•하늘로 날린 낙하산 •무지개 따오기 •친구 데려오기 •팽이치기

[문학활동 연간교육계획안]

월	생활주제	주제	월	생활주제	주제
3	옛 이야기 I	•빨간 모자 •금도끼 은도끼 •방귀시합 •아기돼지 삼형제	9	다양한 언어활동 I	•뚱보 아저씨 홀쭉이 아저씨 •여우야 여우야 뭐하니? •고맙다 고맙다 •긴 꼬리 대신 짧은 꼬리
4	옛 이야기 II	•소금을 나르는 당나귀 •개가 다리를 들고 쉬하는 이유 •청개구리의 슬픔 •도깨비 방망이	10	다양한 언어활동 II	•가자가자 감나무 •영차영차 꿀을 모으자 •칙칙폭폭 꼬리를 잡아라 •내가 누군지 아니?
5	옛 이야기 III	•소가 된 게으름뱅이 •의좋은 형제 •혹부리 영감 •삼년 고개	11	다양한 언어활동 III	•세살 버릇 여든까지 간다 •대문놀이 •나는야 공룡박사 •별따러 가세
6	창의성 키우기 I	•나는 친절하고 멋진 어린이예요 •내가 만일 •하얀 점박이 까만 점박이 •나들이는 즐거워요	12	풍부한 간접경험 I	•구멍을 찾아라 •가나다 •뛰뛰빵빵 조심하세요 •감기야 저리가
7	창의성 키우기 II	•밤에는 어떤 일들이 일어날까요? •생일 파티 •세상에서 가장 멋진 도깨비 •우리 함께 축구해요	1	풍부한 간접경험 II	•우리는 짝꿍 •예쁜이 건강한 이 •가을 •우리는 최고
8	창의성 키우기 III	•어떻게 하지? •어떤 모습일까요? •동그란 것이 좋아요 •생각 나무	2	풍부한 간접경험 III	•나는 쓸모가 있어 •무슨 일이 일어났을까? •내 동생 •돌돌이는 내 친구

2) 월간보육계획

월간계획은 연간교육계획에서 제시된 생활주제와 관련하여 월에 해당하는 기관의 행사 및 견학 등 활동을 구체적으로 결정하며, 주간계획은 한 주에 있는 모든 활동을 구체적으로 계획하고 세부적인 내용까지 포함시킨 것이다.

[유아반 월간보육계획의 예]

주	주제	활동주제	활동목표	활 동 내 용	기본 생활습관
1주	산이 좋아요/ 바다가 좋아요	•산에서 볼 수 있는 것 •산에서 소리가 들려요 •바다 만들기 •바닷 속 생물	•산, 바다를 여행한 경험을 바탕으로 그곳에서 본 것을 회상하여 본다. •자연의 특징, 보호하는 방법을 알아보며 자연을 사랑하는 마음을 갖는다.	《새노래》 숲속을 걸어요, 바다 《신 체》 등산, 고기잡는 어부 《동 화》 조개와 속살이게 《동 시》 내가 산이었음 좋겠다 《언 어》 이야기 꾸미기 《과 학》 소라게 키우기 《미 술》 바다 상상화 《수조작》 깨끗한 물을 만들어요	휴지 아무데나 버리지 않기
2주	바 퀴	•우리 주변의 바퀴 •바퀴가 있는 물건과 없는 물건 •어느 것이 힘이 덜 들까? •쓰러지지 않는 바퀴	•우리 주변에 있는 다양한 크기와 모양의 바퀴를 찾아본다. •바퀴가 있는 물건을 찾아서 이야기해 본다. •바퀴를 이용하면 무거운 것을 쉽게 운반한다는 것을 안다.	《새노래》 숨바꼭질 《신 체》 바퀴 되어보기 《동 화》 노래하는 바퀴 《동 시》 동시 짓기 《언 어》 누가 무엇을 타고 《과 학》 굴러갈 수 있는 것들 《미 술》 바퀴그림 《수조작》 바퀴 수 알아보기	고맙습니다. 죄송합니다. 말하기
3주	여러 가지 교통 수단1	•여러 가지 탈 것 •자동차 •자동차는 편리 하지만 무서워요. •기차 •교통통신 이용하기	•다양한 교통수단의 종류와 기능에 대해 안다. •안전을 위하여 교통규칙을 지켜야 함을 안다.	《새노래》 굴 속으로 《신 체》 칙칙 기차 《동 화》 아기곰의 자동차(동극) 《동 시》 유리 닦는 기계 《언 어》 집과 자동차와 나무 《과 학》 멀리 가는 자동차 《미 술》 모래종이 다림질 《수조작》 모양 맞추기	욕하지 않기
4주	여러 가지 교통 수단2	•교통규칙 •배 •비행기 •하늘, 땅, 바다에서 다니는 것 •안전띠는 왜 매야할까?	•교통규칙을 지켜야 하는 이유에 대해 안다. •배, 비행기의 기능에 대해 안다. •육상, 해상, 항공교통기관의 종류에 대해 안다.	《새노래》 돛단배 《신 체》 낙하산 놀이 《동 화》 아롱이의 꿈속 여행 《동 시》 기구를 타고 《언 어》 교통표지판 도미노 《과 학》 낙하산 《미 술》 우유팩 배 《수조작》 그림자 도미노	휴지 아껴 쓰기

주	주 제	활동목표	활동주제	활 동 내 용	기본 생활습관
1주	더운 여름이에요.	계절의 변화를 느끼고 여름 날씨를 알아본다.	•무더운 여름날씨 •비가 많이 와요.	•언어 - 우산 속 •탐색 - 여름과일이 많아요. •미술 - 부채를 꾸며요. •새노래 - 즐거운 여름 •신체활동 - 친구야, 덥지?	찬 음식을 많이 먹지 않아요.
2주	여름에 사용해요.	여름에 우리를 시원하게 해주는 것과 방법에 대해 알아본다.	•우리를 시원하게 해주는 것	•언어 - 시원하게 해줘요. •탐색 - 물의 양 비교 •미술 - 면봉그림 •새노래 - 수박 •신체활동 - 그대로 멈춰라!	위험한 것을 만지지 않아요.
3주	시원한 물놀이	물의 고마움을 알고 안전한 물놀이를 경험해본다.	•물 •물을 찾아보세요. •즐거운 물놀이	•언어 - 물을 볼 수 있는 곳 •탐색 - 얼음관찰 •미술 - 스프레이 그림그리기 •새노래 - 고기잡이 •수·조작 - 물에서 건져주세요! •신체활동 - 물풍선 놀이	세면대에서 물장난을 하지 않아요.
4주	여름을 건강하게 보내요.	여름에 건강하게 지낼 수 있는 방법들을 알아본다.	•건강하게 지내요. •깨끗하게 지내요.	•언어 - 건강 약속 •탐색 - 잠깐! 세균맨이 있어요. •미술 - 솜방망이 그림 •새노래 - 배가 아파요. •신체활동- 깨끗이 씻어요.	눈병에 걸리지 않게 자주 손 씻어요.

3) 주간보육계획

주간계획을 작성할 때는 6개 생활 영역의 활동과 유아의 흥미, 발달수준을 고려하여 유아의 신체, 사회, 인지, 정서, 언어의 전인적 발달을 이룰 수 있도록 다양한 활동을 계획해야 하며 요일별로 자유선택 활동시간 동안에 각 흥미영역에서 하는 활동과 집단활동, 환경구성에 필요한 교재·교구를 자세히 기록해야 한다.

제 00 호

◐ ________ 반 주 간 교 육 계 획 안 ◑

☆ 200 년 (8)월 (14)일 ~ (8)월 (19) 일	
주 제	교통기관 - 여러 가지 교통수단 1
목 표	다양한 교통수단의 종류와 기능에 대해 안다. 안전을 위하여 교통규칙을 지켜야 함을 안다.

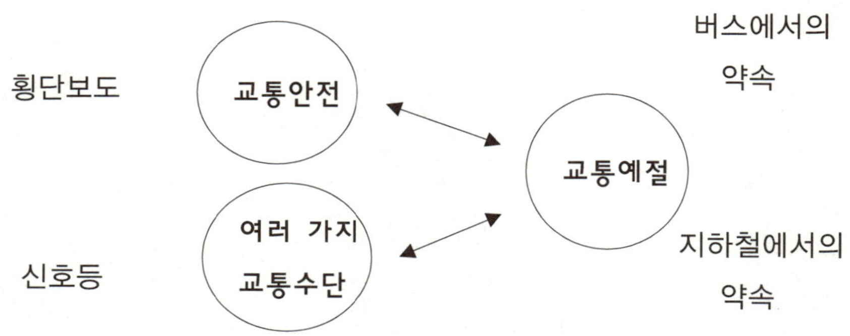

자유선택활동				
	언 어	집과 자동차와 나무	과 학	멀리 가는 자동차
	작 업	모래종이 다림질	역 할	♥
	수	모양 맞추기	조 작	어린이집에 어떻게 왔니?

대소집단활동	이야기나누기	NIE · 창의성	새노래 · 음 률
	•여러 가지 탈 것 •자동차 •자동차는 편리하지만 무서워요 •기차 •교통통신 이용하기	•탈 것 찾아 오리기	•굴 속으로 •자동차
		동화 · 동시짓기	**색 종 이**
		•어떤 소리가 날까요? •아기 곰의 자동차	•색종이를 이용한 기차 표현
		미술 · 작업	**신체활동**
		•롤러 그림	•칙칙 기차 •탈 것이 되어보세요

특 별 활 동		안 전 교 육
월	영어, 받아쓰기 TEST	교통규칙 지키기
화	광복절 -휴원-	
수	영어, 실외활동	**기본생활습관**
목	수학TEST, 과학	욕하지 않기
금	체육, 전통놀이	

[영아반 주간보육계획의 예]

<table>
<tr><td>주 제</td><td colspan="6">나는 소중해요.</td></tr>
<tr><td>목 표</td><td colspan="6">우리 몸의 여러 부분에 관심을 갖고 살펴본다.</td></tr>
<tr><td>요일 / 영역</td><td>월(1일)</td><td>화(2일)</td><td>수(3일)</td><td>목(4일)</td><td>금(5일)</td><td>토(6일)</td></tr>
<tr><td>신 체 활 동</td><td colspan="2">스카프 춤</td><td>봄 소 풍</td><td>어린이날
행사</td><td>어린이날
(휴 원)</td><td rowspan="8">통합자유선택활동</td></tr>
<tr><td>언 어</td><td colspan="5">나의 몸 이름알기</td></tr>
<tr><td>동 화</td><td colspan="5">나는 여자 너는 남자</td></tr>
<tr><td>미 술</td><td colspan="5">카네이션 만들기</td></tr>
<tr><td>탐 색 생 활</td><td colspan="5">거울로 내 얼굴 관찰하기</td></tr>
<tr><td>음 률</td><td colspan="5">머리, 어깨, 무릎, 발</td></tr>
<tr><td>조 작</td><td colspan="5">내 물건 찾기</td></tr>
<tr><td>기 본 생 활
습 관</td><td colspan="5">양치질을 잘해요.</td></tr>
<tr><td>준 비 물</td><td colspan="6">• 물 컵, 개인수건
• 물티슈
• 매주 수요일(10:50~11:30)은 강당으로 이동하여 체육활동을 합니다.</td></tr>
</table>

4) 일일보육계획안

일일보육계획은 영유아가 등원해서 귀가할 때까지의 모든 보육활동을 구체적으로 명시한 보육계획이며 주간보육계획에 준하여 계획된다. 일일활동의 계획의 활동들은 상호연계성 있는 총합적인 활동으로 연결되며, 각 활동 간의 균형을 맞추어 수립한다. 또한 보육시설의 영유아는 장시간 시설에서 생활을 하므로 심리적인 안정감을 얻으며 다양한 경험을 할 수 있도록 구성하여야 한다.

(1) 일과 운영안

[유아반 일일보육계획안의 예*]

시간	활동	활동내용
08:00~09:00	등원 및 개별 활동	유아 맞이하기, 부모와 간단한 대화나누기, 조용한 활동하기
09:00~09:10	놀이계획	하루의 놀이 활동을 유아 스스로 계획함
09:10~10:00	오전 실내 자유선택 활동	흥미영역별로 준비된 환경에서 유아 스스로 선택한 활동을 유아 - 유아, 유아 - 교사, 유아 - 교구의 상호작용을 통해 여러 가지 개념을 형성함
10:00~10:10	정리정돈 및 화장실 다녀오기	놀이하던 교구를 스스로 정리하고 화장실에 다녀옴
10:10~10:30	오전 간식	간식을 먹으며 선생님, 친구들과 상호작용을 함
10:30~12:00	대·소집단 활동	동화, 동극, 신체표현, 이야기 나누기, 노래 배우기, 게임 등을 대· 소그룹으로 나누어 활동함
12:00~12:50	점심식사	손을 씻은 후 교사, 친구들과 가족 같은 분위기로 점심을 먹음
12:50~13:10	이닦기 및 화장실 다녀오기	이를 닦은 후 화장실을 다녀옴
13:10~13:50	실외 자유선택활동	다목적 놀이기구로 구성된 실외에서 다양한 활동을 함
13:50~14:00	화장실 다녀오기	깨끗하게 손을 씻고 세수를 함
14:00~15:30	특별활동	과학 및 문학, 미술, 영어, 체육, 국악, 학습활동 등 요일에 따라 다양한 활동을 함
15:30~16:00	정리 및 오후간식	교실을 정리하고 간식을 먹으며 교사와 친구들과 이야기를 나누고 다 먹은 후에는 조용한 활동을 함
16:00~17:00	오후 실내·외 자유선택 활동 및 놀이평가	유희실, 실외놀이터와 교실에서 활동을 하며, 하루의 일과와 놀이를 평가해 봄
17:00~	귀가 및 조용한 놀이	조용한 놀이를 하면서 부모님이 오시는 대로 귀가

[영아반 일일보육계획안의 예]

시간	활동	활동내용
08:00~09:00	등원 및 개별 활동	유아 맞이하기, 부모와 간단한 대화나누기, 조용한 활동하기
09:00~09:50	오전 실내 자유선택놀이	실내에 준비된 여러 영역의 놀이를 개별적으로 선택하여 놀이하기
09:50~10:00	정리정돈 및 전이활동	가지고 놀던 장난감, 교구를 제자리에 정리한 후 손유희 등의 전이 활동을 함
10:00~10:10	손씻기, 화장실 다녀오기	손을 씻고 간식을 먹을 준비를 하기
10:10~10:30	오전 간식	간식을 먹으며 선생님, 친구들과 상호작용을 함
10:30~12:00	대·소집단 활동 및 바깥놀이	대근육 활동, 물·모래 활동 등 개별적으로 놀이하기
12:00~12:50	점심준비 및 점심식사	손을 씻은 후 교사, 친구들과 가족 같은 분위기로 점심을 먹음
12:50~13:10	이닦기 및 화장실 다녀오기	이를 닦은 후 화장실을 다녀옴
13:10~13:50	실외 자유선택활동	다목적 놀이기구로 구성된 실외에서 다양한 활동을 함
13:50~14:00	화장실 다녀오기	깨끗하게 손을 씻고 세수를 함
14:00~15:20	낮잠준비 및 낮잠	조용한 놀이를 하거나 조용한 음악을 들음. 이불과 베개를 바닥에 깔고 낮잠을 잠
15:20~16:00	정리 및 오후간식	먼저 깬 아동은 조용한 놀이를 하며, 이불과 베개를 정리함. 손을 씻은 후 간식을 먹음
16:00~17:00	낮잠 정리 및 오후간식	날씨와 아동의 흥미에 따라 실외 놀이터, 유희실, 교실에서 자유선택활동을 함
17:00~	귀가 및 조용한 놀이	조용한 놀이를 하면서 부모님이 오시는 대로 귀가

(2) 일일수업 계획안

예 시

♠ 일시 : 00년 00월 00일 (화)

♠ 주제 : 도구와 기계

♠ 목표 : 생활 주변의 여러 가지 도구와 기계의 용도에 대해 안다.

7:30~ 9:30	등원 및 실내자유 선택놀이
9:30~ 9:50	정리정돈 및 쉬는 시간
9:50~10:30	화장실 다녀오기 및 오전간식
10:30~11:50	소집단 활동 및 실외활동
11:50~12:40	점심준비 및 점심, 정리 및 대소변 가리기
12:40~13:30	자유놀이 및 휴식
13:30~15:00	낮잠 준비 및 낮잠
15:00~16:30	낮잠 깨기, 정리정동
	화장실 가기, 손씻기
	오후 간식
16:30~18:00	오후 실/내외 자유놀이
18:00~19:30	조용한 놀이
	귀가 준비 및 귀가

☀ **일일 수업 계획안**

7:30~9:30 ▷ 등원

-교사와 등원하는 영아는 반갑게 인사를 나눈다.

(방안에는 그 날 주제에 맞는 음악이 조용히 흐른다.

예 -도구와 기계가 주제이므로 '시계' 노래를 틀어준다.)

-보호자와 이야기를 나누며 영아의 상태를 듣는다.

(영아의 상태를 관찰한다.- 아픈 곳, 기분 등의 상태를 관찰해야 한다.

▷ 실내자유 선택놀이

- 아의 흥미에 따라 자유롭게 놀잇감을 가지고 놀이를 한다.

☆ 언어영역: 도구와 기계에 관한 책들을 책꽂이에 꽂아둔다.

(예- 뚝딱 뚝딱 만들어요, 우리 집에 있는 도구)

☆ 조작영역: 볼트와 너트 끼우기

9:30~9:50 ▷ 정리정돈 및 쉬는 시간(자유 시간)

-교사가 정리와 함께 정리하는 노래를 부르고, 영아도한 이에 반응하여 정리를 한다.

-정리 후, 영아가 편히 쉴 수 있게 한다.

-혼자놀이를 하거나, 조용한 놀이를 할 수 있게 한다.

9:50~10:30 ▷ 화장실 다녀오기 및 오전간식

-영아들이 화장실을 다녀오도록 한다.(이때, 교사는 영아가 제대로 대소변을 가릴 수 있도록 적절히 피드백을 하며 도와준다.)

-오전간식을 먹는다.

10:30~11:50 ▷ 소집단 활동 및 실외활동

〈도 입〉

선생님: 햇님반!! 선생님한테 인사해 보자 ~ 배꼽에 손~~

유 아: 참 좋은 선생님, 안녕하세요!!

선생님: 우리 지난시간에 배운 노래가 무엇인지 생각나나요?

유 아: 똑딱, 똑딱 했어요.

유 아: 시계요!!

선생님: 그래, 맞아!

우리 시계 노래를 다 함께 불러 보자! (가사 판 제시!!)

유 아: 네…

선생님: (노래 마친 뒤) 잘 불러주었어요!!
자! 그런데 얘들아 오늘은 우리가 어떤 활동을 할 것 같니?
유　아: 몰라요?!!
선생님: (준비한 것을 제시하며) 선생님 책상 앞에 무엇이 놓여 있나요?
유　아: 비밀주머니요!!
선생님: 그래요 비밀주머니에요. 이 속에 무엇이 들어있을까?
유　아: 맛있는 사탕이요.
림 사진이요.
모르겠어요.

〈전 개〉

선생님: (비밀 주머니에서 그림자료를 한 장 꺼내어 그림을 확인하고 몸으로 표현) 그래요, 그러면 선생님이 주머니 속에 들어있는 것을 1장만 꺼내어서 몸으로 표현해 볼게요. 무엇인지 잘 알아맞혀 보세요?!
유　아: 네~ 선생님.
선생님: (청소기 그림사진을 뽑으며 동작표현) 윙~윙 ~윙 ~윙 / 슥삭 슥삭
유　아: 세탁기요
유　아: 청소기요.
선생님: 정말 청소기가 맞을까? "나와라 뚝딱"하고 외치면 그림카드를 보여줄게요.
유　아: "나와라 뚝딱!"
선생님: 여기에 무엇이 있나요?
유　아: 청소기 그림이 있어요…맞혔어요.
선생님: 그래요, 잘 맞추었어요. 선생님이 방금 시범을 보인 것처럼 너희들도 할 수 있겠지요?
유　아: 네…제가 할래요!
선생님: 그럼 ㅇㅇ가 나와서 그림카드를 한 장 꺼내어 몸으로 표현해보자. (4~5명 정도 앞에 나와 카드를 꺼내어 몸으로 표현해 보도록 한다.)
선생님: (앞에 나와 발표한 친구들 하나하나 칭찬하며) 모두들 재미있게 잘 표현 했어요.
선생님: (그림카드를 다시 제시하며) 선생님이 몸으로 표현한 기계는 무엇이었나요?
유　아: 청소기요
선생님: 그래요, 청소기는 언제 사용하는 것일까요?

유　　아: 방을 깨끗이 하려 구요/ 먼지를 잡아당겨요.
선생님: 청소기를 사용하면 어떤 점이 좋을까?
유　　아: 엄마 일을 도와줘요/ 빨리 청소를 끝낼 수 있어요/ 힘이 덜 들어요.
선생님: 그래요 잘 말해 주었어요. 요즘에는 그림에서와 보는 청소기 말고도 스팀 청소기라고 해서 걸레질도 해주면서 세균, 진드기와 같은 벌레를 없애주는 것도 있고, 로봇청소기라고 해서 청소기 스스로 알아서 해주는 제품들도 있어요.
유　　아: 텔레비전에서 봤어요 / 마트에서 봤어요 / 우리집에 있어요.
선생님: (그림카드 망치를 제시하며) 그래요, 이 도구의 이름은 무엇일까요?
유　　아: 망치요
선생님: 어떻게 사용하는 것일까? 무엇을 할 때 많이 사용할까?
유　　아: 액자를 걸 때요/ 시계를 걸 때요/ 물건을 고칠 때 사용해요.
선생님: 그래요, 잘 말해주었어요.
(열쇠 그림을 제시하며) 이 도구의 이름은 무엇일까?
유　　아: 열쇠에요
선생님: 그래요, 열쇠는 언제 사용하니?
유　　아: 현관문을 잠글 때/ 아빠랑 엄마랑 자동차문 열 때/ 경찰아저씨들이 수갑을 열 때.
선생님: 그래요, 그럼 열쇠로 잠글 수 있는 것들에는 무엇이 있을까?
유　　아: 책상이요/ 사물함이요/ 금고요/ 방문이요/ 현관문이요.
선생님: 잠글 수 있는 것들이 많이 있구나.(다리미 카드 제시하며)
이 기계의 이름은 무엇일까?
언제 사용하나요?
유　　아: 아빠 와이셔츠 다림질 할 때요/ 옷이 구겨졌을 때요.
선생님: (선풍기 카드 제시하며) 이 기계의 이름은 무엇일까?
선풍기는 언제 사용하니?
유　　아: 더울 때/ 땀났을 때/ 머리를 말릴 때.
선생님: 선풍기는 우리에게 어떤 도움을 주나요?
유　　아: 시원하게 해줘요.
선생님: 선풍기처럼 우리를 시원하게 해 주는 것에는 또 무엇이 있을까?
유　　아: 에어컨이요/ 부채요/ 바람이요/ 시원한 수박이요.

〈마무리〉

선생님: 우리 해님 반 아주 잘했어요.

이번에는 마지막으로 (가위그림 카드를 제시하며) 이것은 언제 사용하는 것이죠?

유　아: 색종이를 오릴 때요/ 신문을 오릴 때요/ 실을 자를 때요/ 김치를 자를 때요.

선생님: 그래요, 우리가 색종이를 오릴 때, 엄마가 주방에서 음식을 자를 때 칼을 사용하기도 하지만 가위도 사용해요 또 미용실에 가본적 있지요?! 미용실에서도 사용을 해요.

유　아: 아! 맞다.

선생님: (지난 시간에 기계가 무엇인지 도구가 무엇인지 배웠다는 과정하에)이 번에는 도구와 기계들을 선생님이 준비한 게시판에 분류를 해보자!

유　아: 네, 좋아요

선생님: 여기에서 집안일을 도와주는 기계들은 어떤 것들이 있을까?

유　아: 청소기/ 다리미요.

선생님: 그래요, 맞았어요.

선생님이 준비한 전기제품 외에 또 다른 기계는 무엇이 있을까?

유　아: 세탁기요/ 밥솥/ 전자레인지요

선생님: 그래요, 그럼 도구는 또 어떤 것이 있을까?

유　아: 칼이요/ 자요/ 펀치요/ 크레파스요

선생님: 그래요, 잘 말해 주었어요. 오늘 우리는 어떤 활동을 해보았나요?

유　아: 수수께끼요/ 시계 노래를 불렀어요./ 도구와 기계를 알아보았어요.

선생님: 활동이 재미있었나요? 어떤 점이 좋았나요?

유　아: 수수께끼가 재미있었어요./ 다 재미있었어요.

선생님: 점심식사 후에는 망치와 못을 이용해 적목 게임을 하기로 해요!

11:50~12:40　　　▷ 점심준비 및 점심

정리 및 대소변 가리기

- 점심을 먹기 위해 정리정돈을 한다.
- 점심 식사 기도를 하고, 점심을 맛있게 먹는다.
  (이때, 교사는 영아가 올바른 식습관을 형성하도록 적절한 피드백을 한다.)
- 점심을 다 먹은 영아는 정리를 하고 화장실에 가서 대소변을 가린다.

12:40~13:30　　　▷ 자유놀이 및 휴식

- 화장실에 다녀온 영아는 자유놀이를 하거나, 쉼을 취한다.

13:30~15:00 ▷ 낮잠 준비 및 낮잠

- 낮잠 자기위해 교사는 개인 요와 이불을 깔아주고, 영아는 낮잠을 자기 위한 준비를 한다,
- 영아는 자신의 자리에 누워서 낮잠을 잔다.

(낮잠을 자기 싫어하는 영아가 있을 경우 굳이 낮잠을 청하지 말고, 조용히 쉼을 얻을 수 있게 한다.

15:00~16:30 ▷ 낮잠 깨기, 정리정돈, 화장실 가기, 손씻기, 오후 간식

- 낮잠을 깨고, 정리 정돈을 한 후 화장실에 다녀온다.(대소변을 가린 후, 손을 씻는다.)
- 오후 간식을 맛있게 먹는다.

16:30 ~18:00 ▷ 오후 실/내외 및 자유놀이

- 영아들이 자유롭게 자유놀이를 한다.

(교사는 영아의 행동 하나하나를 관찰하며, 영아의 반응을 잘 살핀다.)

18:00~19:30 ▷ 조용한 놀이, 귀가 준비 및 귀가

- 귀가 준비를 마치고, 조용한 놀이를 하며 부모님을 기다린다.
- 부모님이 오시면 귀가를 한다.

5 부분 수업 계획안

예 시

활동주제 : 도구와 기계

♠ 일 시 : 00년 00월 00일 (화)요일

♠ 주 제 : 도구와 기계

♠ 활 동 명 : 어떤 도구와 기계일까요?

♠ 활동목표 : 생활 주변의 여러 가지 도구와 기계의 용도에 대해 안다.

♠ 활동영역 : 이야기 나누기

♠ 연 령 : 만 2세

♠ 소요시간 : 도입 5분, 전개 10분, 마무리 5분

♠ 집단형태 : 소집단

♠ 준 비 물 : 가사 판, 비밀주머니, 그림카드, 가위, 색상지, 코팅지

♠ 활동방법

1. 가사 판을 제시하며 "시계"노래를 함께 부른다.
2. 비밀주머니에서 그림카드를 한 장 꺼내어 그 그림을 교사가 무언극으로 표현한다.
   - 선생님이 몸으로 무엇을 나타내었을까?
3. 교사가 표현한 것을 맞춘 유아가 나와 다른 그림카드를 뽑아 몸으로 표현해 본다.
   - ㅇㅇ가 몸으로 표현하는 것은 무엇일까?
   - 왜 ㅇㅇ라고 생각했니?
4. 5~6번 정도 무언극 활동을 해본 뒤 그림카드를 보면서 이야기를 나눈다.
5. 도구와 기계들을 분류해 본다.

   주의집중 "시계" 노래를 부른다.

   지난시간 활동 회상 (음률활동)

   오늘 활동소개 外 이야기 나누기

☀ **활동방법 소개**

선생님: 햇님반!! 선생님한테 인사해 보자 ~ 배꼽에 손~~
유 아: 참 좋은 선생님, 안녕하세요!!
선생님: 우리 지난시간에 배운 노래가 무엇인지 생각나나요?
유 아: 똑딱, 똑딱 했어요.
유 아: 시계요!!
선생님: 그래, 맞아!
우리 시계 노래를 다 함께 불러 보자! (가사 판 제시!!)
유 아: 네…
선생님: (노래 마친 뒤) 잘 불러주었어요!!
자! 그런데 얘들아. 오늘은 우리가 어떤 활동을 할 것 같니?
유 아: 몰라요?!!
선생님: (준비한 것을 제시하며) 선생님 책상 앞에 무엇이 놓여 있나요?
유 아: 비밀주머니요!!
선생님: 그래요 비밀주머니에요. 이 속에 무엇이 들어있을까?
유 아: 맛있는 사탕이요./그림 사진이요./ 잘 모르겠어요.

그림카드를 한 장 꺼내어 수수께끼 형태로 시범 보인다.
유아들이 앞에 나와서 몸으로 표현한다.
개방형 질문으로 이야기 나눈다.
그래요. 그러면 선생님이 주머니 속에 들어있는 것을 1장만 꺼내어서 몸으로 표현해 볼게요. 무엇인지 잘 알아맞혀 보세요?!

유 아: 네~ 선생님.
선생님: (청소기 그림사진을 뽑으며 동작표현) 윙~윙 ~윙 ~윙 /슥삭 슥삭
유 아: 세탁기요
유 아: 청소기요
선생님: 정말 청소기가 맞을까? "나와라 뚝딱"하고 외치면 그림카드를 보여줄게요.
유 아: "나와라 뚝딱!"
선생님: 여기에 무엇이 있나요?
유 아: 청소기 그림이 있어요…맞혔어요.

선생님: 그래요, 잘 맞추었어요. 선생님이 방금 시범을 보인 것처럼 너희들도 할 수 있겠지요?

유　아: 네…제가 할래요!

선생님: 그럼 ㅇㅇ가 나와서 그림카드를 한 장 꺼내어 몸으로 표현해보자.

(4~5명 정도 앞에 나와 카드를 꺼내어 몸으로 표현해 보도록 한다.)

선생님: (앞에 나와 발표한 친구들 하나하나 칭찬하며) 모두들 재미있게 잘 표현했어요.

그림카드를 한 장 꺼내어 수수께끼 형태로 시범 보인다.

유아들이 앞에 나와서 몸으로 표현한다.

개방형 질문으로 이야기 나눈다.

선생님: (그림카드를 다시 제시하며) 선생님이 몸으로 표현한 기계는 무엇이었나요?

유　아: 청소기요

선생님: 그래요, 청소기는 언제 사용하는 것일까요?

유　아: 방을 깨끗이 하려 구요/ 먼지를 잡아당겨요.

선생님: 청소기를 사용하면 어떤 점이 좋을까?

유　아: 엄마 일을 도와줘요/ 빨리 청소를 끝낼 수 있어요/ 힘이 덜 들어요.

선생님: 그래요 잘 말해 주었어요. 요즘에는 그림에서와 보는 청소기 말고도 스팀청소기라고 해서 걸레질도 해주면서 세균, 진드기와 같은 벌레를 없애주는 것도 있고, 로봇청소기라고 해서 청소기 스스로 알아서 해주는 제품들도 있어요.

유　아: 텔레비전에서 봤어요 / 마트에서 봤어요 / 우리집에 있어요.

선생님: (그림카드 망치를 제시하며) 그래요. 이 도의 이름은 무엇일까요?

유　아: 망치요

선생님: 어떻게 사용하는 것일까? 무엇을 할 때 많이 사용할까?

그림카드를 한 장 꺼내어 수수께끼 형태로 시범 보인다.

유아들이 앞에 나와서 몸으로 표현한다.

개방형 질문으로 이야기 나눈다.

유　아: 액자를 걸 때요/ 시계를 걸 때요/ 물건을 고칠 때 사용해요.

선생님: 그래요, 잘 말해주었어요.

(열쇠 그림을 제시하며) 이 도구의 이름은 무엇일까?

유　아: 열쇠에요

선생님: 그래요, 열쇠는 언제 사용하니?

유　아: 현관문을 잠글 때/ 아빠랑 엄마랑 자동차문 열 때/ 경찰아저씨 들이 수갑을 열 때.

선생님: 그래요, 그럼 열쇠로 잠글 수 있는 것들에는 무엇이 있을까?

유　아: 책상이요/ 사물함이요/ 금고요/ 방문이요/ 현관문이요.

선생님: 잠글 수 있는 것들이 많이 있구나 (다리미 카드 제시하며)
이 기계의 이름은 무엇일까?
언제 사용하나요?

유　아: 아빠 와이셔츠 다림질 할 때요/ 옷이 구겨졌을 때요.

선생님: (선풍기 카드 제시하며) 이 기계의 이름은 무엇일까?
선풍기는 언제 사용하니?

유　아: 더울 때/ 땀났을 때/ 머리를 말릴 때.

그림카드를 한 장 꺼내어 수수께끼 형태로 시범 보인다.
유아들이 앞에 나와서 몸으로 표현한다.
개방형 질문으로 이야기 나눈다.

선생님: 선풍기는 우리에게 어떤 도움을 주나요?

유　아: 시원하게 해줘요.

선생님: 선풍기처럼 우리를 시원하게 해 주는 것에는 또 무엇이 있을까?

유　아: 에어컨이요/ 부채요/ 바람이요/ 시원한 수박이요.

선생님: 우리 해님 반 아주 똑똑해요
이번에는　마지막으로 (가위그림 카드를 제시하며) 이것은 언제 사용하는 것이죠?

유　아: 색종이를 오릴 때요/ 신문을 오릴 때요/ 실을 자를 때요/ 김치를 자를 때요.

선생님: 그래요, 우리가 색종이를 오릴 때, 엄마가 주방에서 음식을 자를 때 칼을 사용하기도 하지만
가위도 사용해요 또 미용실에 가본 적 있지요?! 미용실에서도 사용을 해요.

유　아: 아! 맞다.

활동을 회상하는 시간을 갖는다.
활동에 대한 유아들의 생각을 이야기 나눈다.
추후 활동을 전달한다.

선생님: (지난시간에 기계가 무엇인지 도구가 무엇인지 배웠다는 과정 하에)
이번에는 도구와 기계들을 선생님이 준비한 게시판에 분류를 해보자!
유 아: 네, 좋아요
선생님: 여기에서 집안일을 도와주는 기계들은 어떤 것들이 있을까?
유 아: 청소기/ 다리미요.
선생님: 그래요, 맞았어요.
선생님이 준비한 전기제품 외에 또 다른 기계는 무엇이 있을까?
유 아: 세탁기요/ 밥솥/ 전자레인지요
선생님: 그래요, 그럼 도구는 또 어떤 것이 있을까?
유 아: 칼이요/ 자요/ 펀치요/ 크레파스요
선생님: 그래요, 잘 말해 주었어요. 오늘 우리는 어떤 활동을 해보았나요?
유 아: 수수께끼요/ 시계 노래를 불렀어요/ 도구와 기계를 알아보았어요
선생님: 활동이 재미있었나요? 어떤 점이 좋았나요?
유 아: 수수께끼가 재미있었어요/ 다 재미있었어요.
선생님: 점심식사 후에는 망치와 못을 이용해 적목 게임을 하기로 해요!

6 교재·교구 제작 안

보육활동의 계획하고 실행함에 있어 교재·교구는 필수적인 요소이다. 보육 실습생은 현장에 구비된 교재·교구를 사용하여도 되나 직접 교재·교구를 제작하여 사용할 수도 있다. 다음은 실습기관에서 교재·교구를 제작하고 활용하는 방법을 자세히 기술한 교재·교구 제작 계획안을 살펴보도록 한다(자료 출처 : 중앙보육정보센터, 강남구 교재·교구 전시회 출품작).

<table>
<tr><td>작 품 명</td><td colspan="3">전래놀이 세트</td></tr>
<tr><td>제 작 자</td><td colspan="3">민들레 어린이집</td></tr>
<tr><td>교육목표</td><td colspan="3">- 전래놀이를 통하여 유아들의 학습에 대한 호기심과 성취 욕구를 충족시킨다.
- 우리 전래놀이의 우수성과 좋은 점을 알고, 친사회적 행동을 길러 준다.
- 대소근육을 발달시키고, 신체활동을 활발하게 한다.
- 정확한 수의 세기를 인식하고 수의 양을 비교할 수 있다.</td></tr>
<tr><td>대상연령</td><td>만 3세 이상</td><td>활동영역</td><td>신체활동</td></tr>
<tr><td>준 비 물</td><td colspan="3">하드보드지, 색한지, 공단, 탁구공, 구슬, 딸랑이, 접착제, 윌 뚜껑
각종 재활용품, 달걀판, 랩속심, 끈</td></tr>
<tr><td>작품크기</td><td colspan="3">78cm x 55cm x 14cm</td></tr>
<tr><td>제작방법</td><td colspan="3">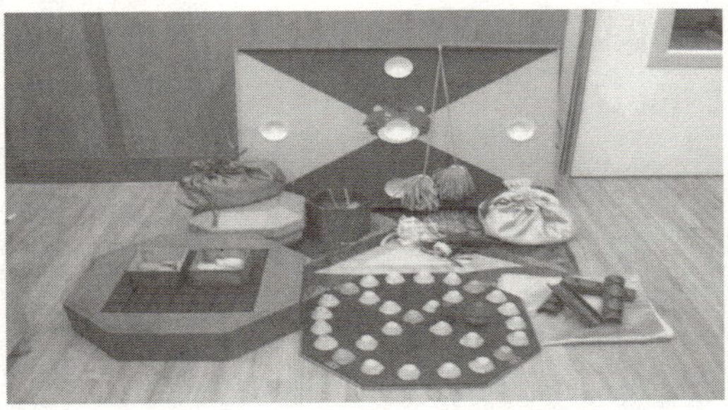

〈왕구슬 치기〉
① 양면 285cm x 55cm크기의 공단에 출발선 3선, 삼각과녁, 원형과녁을 바느질한다.
② 탁구공에 초벌한지를 붙여 말린 후, 색한지를 싼다.
③ 다 마른 후, 마감제로 4~5회 덧칠한다.
④ 팔각상자 - 하드보드 판지를 이용해 골격을 만든다.
초배지, 색한지를 붙이고 마감칠 한다.
</td></tr>
</table>

교구 내용 및 활동 방법

〈호랑이 나이먹기 / 구멍넣기 세트〉

① 78cm x 55cm x 14 cm크기로 하드보드를 자른 후 상자를 붙인다.
② 앞면- 꼬모통 5개를 배치할 구멍을 뚫고 꼬모통을 끼운다.
③ 뒷면- 각종 재활용 용기를 6cm 길이로 자르고, 하드보드판에 구멍을 낸다.
④ 손잡이 구멍을 뚫고, 손잡이를 연결한다.
⑤ 한지를 붙이고, 마감칠 한다.
⑥ 구슬과 딸랑이에 초벌한지와 색한지를 붙여 마감칠 한다.

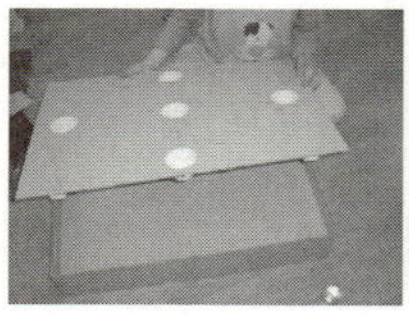

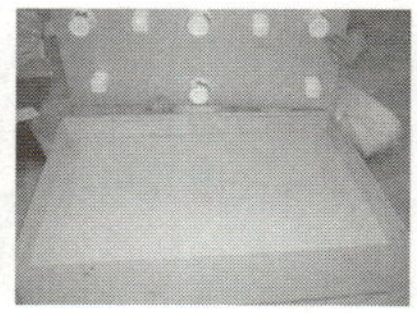

〈윷놀이 / 고누놀이〉

① 52cm x 52cm x 9cm의 팔각밑판을 만든 후, 한지를 붙인다.
② 달걀판을 오려 색한지를 붙인 후, 팔각판에 접착제를 붙여 마감칠 한다.
③ 뚜껑을 cm x cm로 상자를 만들고, 초벌한지와 색한지를 붙인 후,
   팔각 고누판을 한지로 꾸며준다.
④ 윌 병뚜껑을 색한지로 붙이고 마감칠한다.

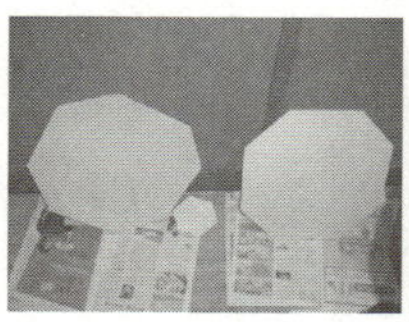
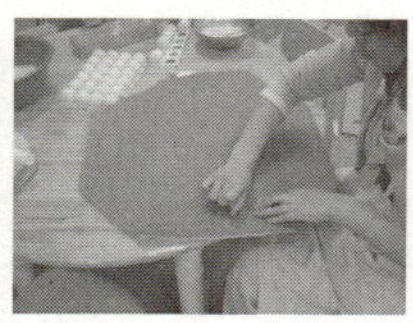
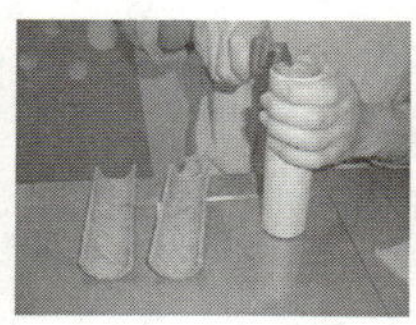
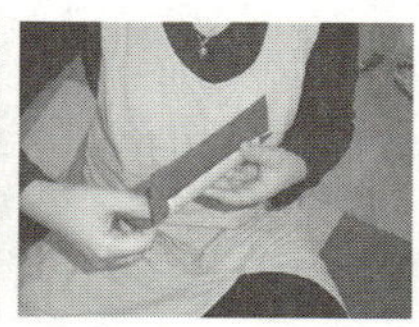

〈제기차기〉

① 20cm x 12cm의 천을 0.5cm 간격으로 자른 후, 동전을 넣고 말아
   고무줄 묶은 후 제기를 만든다.
② 막대에 끈으로 제기와 연결해 준다.

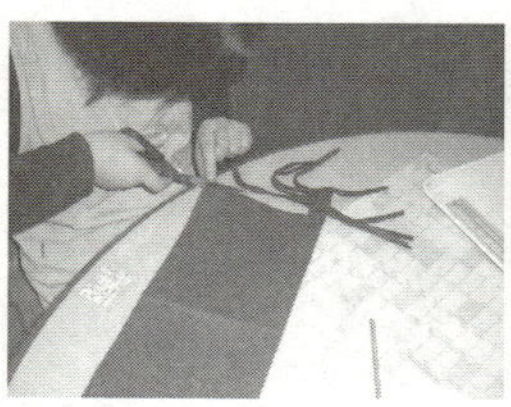
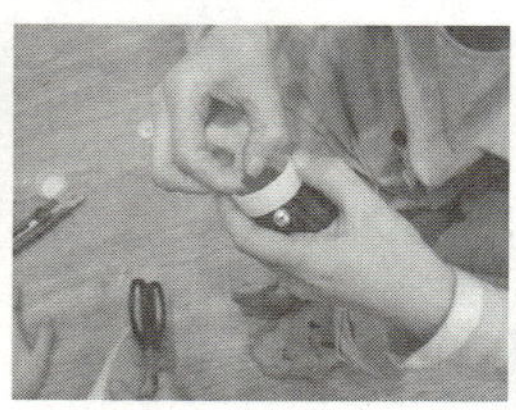
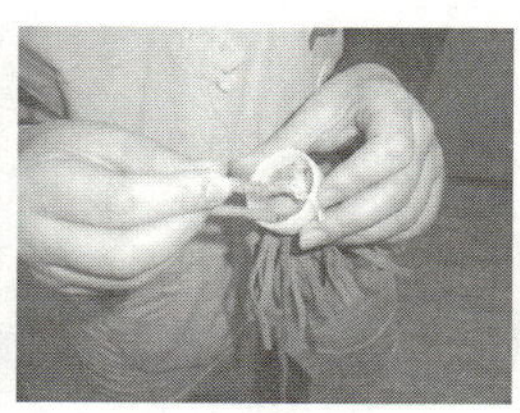

교구 내용 및 활동방법	활동방법 및 사진

활동방법 및 사진

〈왕구슬치기〉

1. 삼각 구슬치기

① 벽치기 방법으로 순서를 정하고 점수판 색을 정한다.

② 출발선에서 구슬을 굴려 과녁의 노란색 중심점에 갈수록 이긴다.

③ 구슬이 과녁의 중심에 가장 가까이 온 사람에게 구슬 하나씩을 주고, 이긴 사람은 점수통에 딴 구슬을 넣어 열개를 먼저 채우면 이긴다.

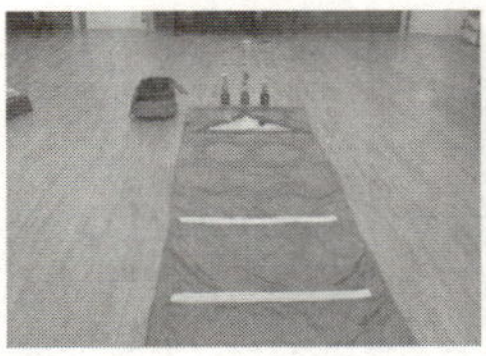

2. 원 구슬치기

① 원 안에 구슬을 인원수대로 또는 그 배수로 넣는다.

② 출발선에서 원을 향하여 한 개씩의 구슬을 던져 순서를 정한다.

③ 순서대로 출발선에서 구슬을 던져 원 안에 구슬을 맞혀 구슬을 따 먹는다.

④ 이때 던진 자기 구슬이 원 안에 들어가거나 금에 물리면 그 동안 따 먹은 구슬을 원 안에 다시 내놓아야 한다.

교구 내용 및 활동 방법

〈호랑이 나이먹기〉

① 순서를 정하고 구슬을 나눠 가진다.
② 몇 년을 낼 것인지 정한다.
③ 가운데 호랑이 집에서 출발한다.
④ 동서남북 방향으로 왕복하여 호랑이 집에 돌아오면 1년이 된다.
⑤ 같은 방법으로 정해진 년 수를 먼저 나면 이긴다.
⑥ 이때 구슬이 구멍 안으로 들어가면 한 번 더 한다.
⑦ 상대편의 구슬이 구멍에 들어가지 않을 경우, 그 구슬을 맞추면 다음 구멍으로 이동하여 한번 더한다.

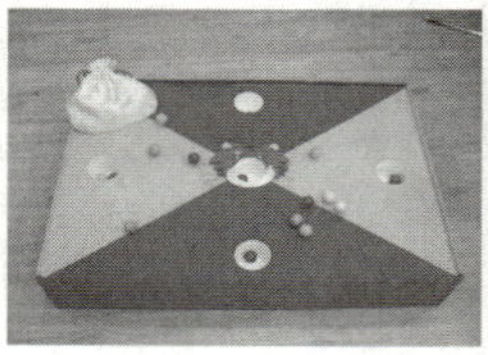

〈구멍 넣기〉

① 높은 구멍에 구슬을 넣는 순서대로 차례를 정하고 점수판 색깔도 정한다.
② 출발선에 구슬을 올려놓고, 구슬을 튕겨서 구멍에 넣는다.
③ 구멍에 점수 수만큼 점수 막대를 자기 점수통에 꽂는다.
④ 20개의 점수 막대를 먼저 채우면 이긴다.

〈윷놀이〉

① 두 사람 이상 또는 편을 나누어 순서를 정한다.
② 윷을 던져 나온 결과대로 도, 개, 걸, 윷, 모 중의 하나에 말 한 개씩 또는 동무하여 말판을 놓아간다.
③ 앞서가는 상대편 말에 자리수가 나오면 잡고 한 번 더 한다.
④ 윷 또는 모가 나오면 한 번 더 할 수 있다.
⑤ 말은 두동, 세동, 네동으로 동무하여 함께 갈 수 있다. 뒷도는 윷가락에 표시하여 한 칸 뒤로 간다.
⑥ 어느 한편이 네 개의 말로 말판을 돌아 말판을 빠져 나오면 이긴다.

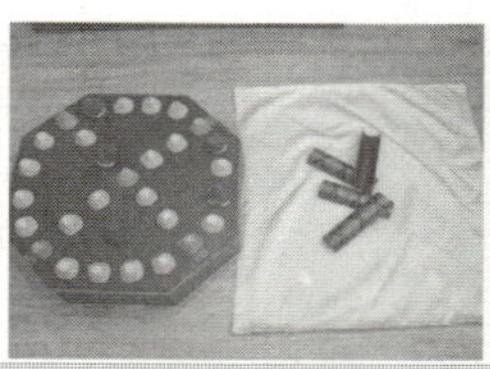
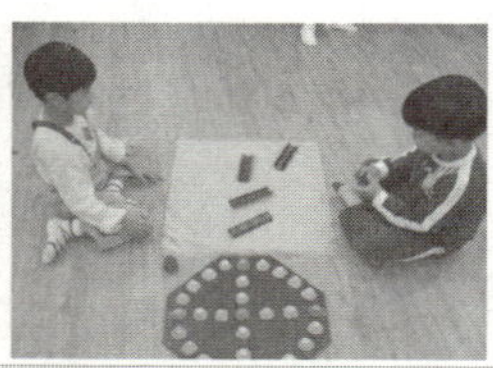

교구 내용 및 활동 방법

〈팔팔 고누〉

① 고누판 위에 8개의 말을 놓는다.
② 번갈아가며 앞으로, 뒤로, 옆으로 움직일 수 있다.
③ 말을 이동하다가 가로나 세로, 자기 말 두개를 가지고 상대방 말을 포위하게 되면 상대방 말을 따 낸다.
④ 이미 놓여있는 말 사이로 상대방의 말이 들어갈 경우나, 자기 말 사이에 둘 이상 들어간 경우는 따낼 수 없다.
⑤ 먼저 상대방 말 7개를 잡는 사람이 이긴다.

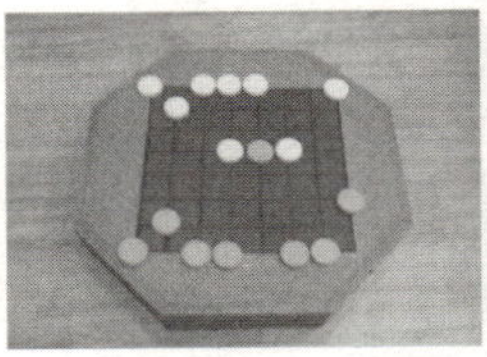

〈제기차기〉

① 외발차기(맨 제기)
제기를 한번차고 발을 땅에 딛되 계속 그 발로만 찬다.
② 발 들고 차기(개칙구)
한쪽 발을 들어 땅에 대지 않고 공중에서 계속 그 발 안쪽 측면만으로 찬다. 차지 않는 발로는 몸의 무게중심은 잘 잡아야 한다.
③ 양발 차기(쌍발 차기)
제기를 양쪽발로 번갈아 찬다.
④ 삼각과녁 맞추기
왕구슬놀이의 삼각과녁에서 발 등위에 제기를 올려놓고 차서 과녁의 중심으로 찬다.

[교재 · 교구 제작 계획안의 예(2)]

<table>
<tr><td>작품명</td><td>한글 숟가락 놀이</td></tr>
<tr><td>제작자</td><td>아동회관 어린이집</td></tr>
<tr><td>교육목표</td><td>눈과 손의 협응력을 발달시킨다.
패턴 놀이를 통해 추리력과 사고력을 기른다.
언어의 기초 개념을 기른다.
단어의 조합 능력을 기른다.</td></tr>
<tr><td>대상연령</td><td>만 4세~5세</td></tr>
<tr><td>준비물</td><td>EVA, 펠트지, 투명 아크릴 5장, 하얀색 아크릴 1장, 한글 비즈(자음, 모음), 보드펜, 끈, 숟가락, 타이머, 폼보드, 글루건, 나사, 프린트 라벨지, 오공본드</td></tr>
<tr><td>작품크기</td><td>37㎝ × 37㎝ × 9㎝</td></tr>
<tr><td>제작방법</td><td>1. EVA를 32×23.5cm의 크기로 6장 자른다.
2. 펠트지를 2×2cm로 여러 장 자른다. 이때 펠트지는 비즈의 색깔과 같도록 한다.
3. 자른 펠트지 조각을 글루건을 이용하여 EVA판에 붙여 패턴 판을 만든다.
색깔 패턴판 2장, 모음■ ■●자음 패턴판 1장, 단어 패턴판 1장, 문장 패턴판 1장 자유판 1장을 만든다.
☞ 패턴판 만들기
가로 세로에 테두리로 2cm를 남겨두고 패턴과 패턴 사이는 0.5cm의 간격을 둔다.

색깔 패턴
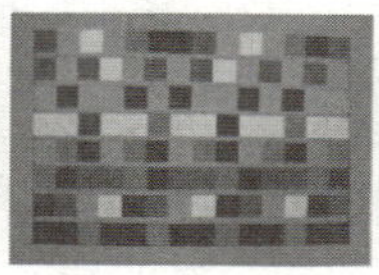
모음 · 자음 패턴
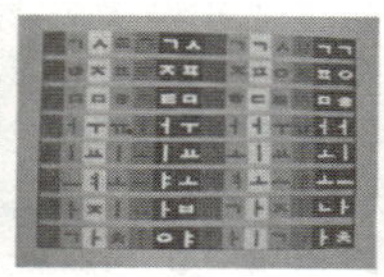
단어 패턴

문장 패턴
이렇게 5장의 패턴 판을 만든다.
글자는 프린트 라벨지를 이용하여 인쇄한 후 펠트지에 붙인다.
4. 5장의 패턴판 위에 투명 아크릴판을 나사로 고정 시킨다.
1장은 자유판으로 EVA와 하얀색의 아크릴판을 고정시킨다.
5. 폼보드로 비즈, 패턴판, 숟가락, 끈, 보드펜, 타이머를 담을 정리함을 만든다.
상자는 한지로 싸서 무독성 오공 본드를 붙인다. 표면도 오공 본드를 바른다.
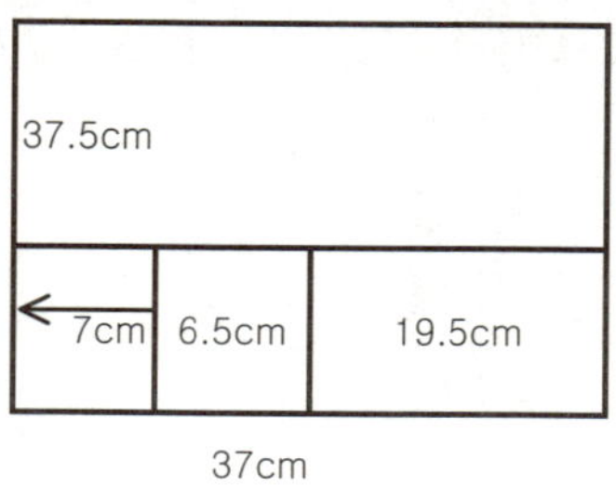

</td></tr>
</table>

교구 내용 및 활동방법

활동방법 및 사진

〈패턴 놀이〉 패턴판을 보고 비즈를 끈에 끼워 목걸이를 만든다.

*색패턴 : 글자는 상관없이 색깔을 맞춘다.

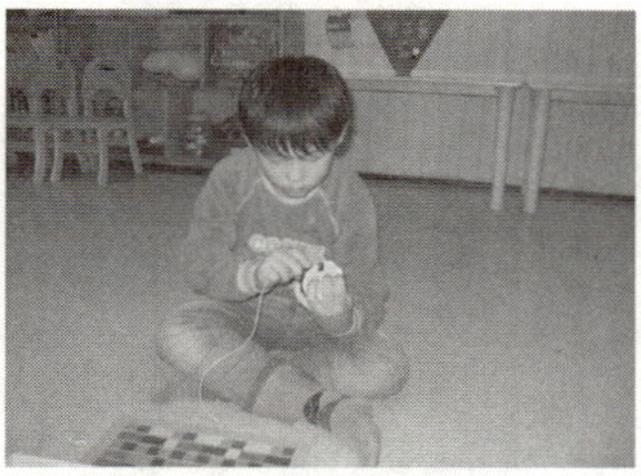

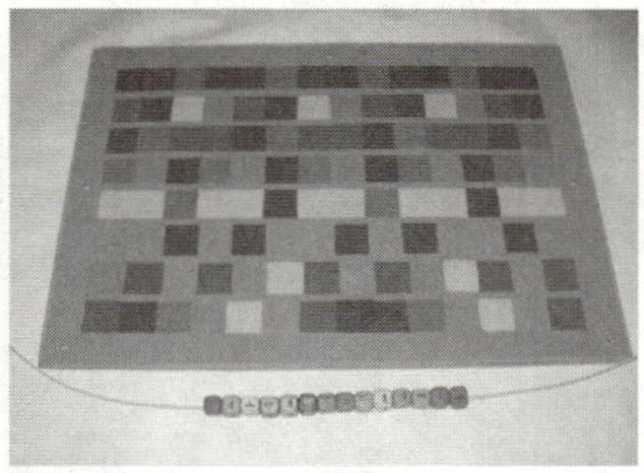

* 모음, 자음 패턴: 색깔과 상관없이 글자만 맞추어도 된다.

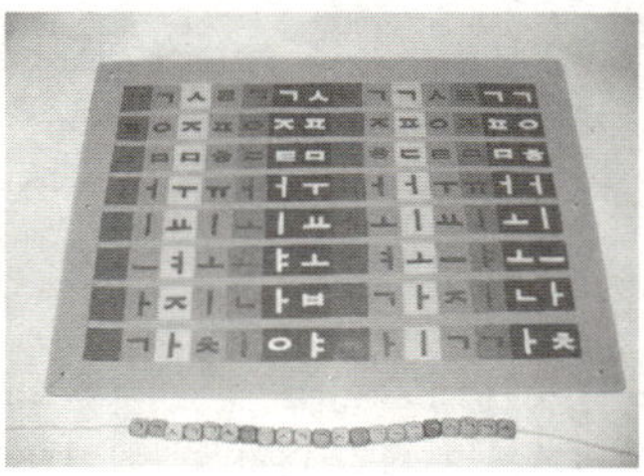

* 단어, 문장 패턴: 자음, 모음의 비즈를 조합하여 단어와 문장을 만든다.
이때도 색깔은 상관없이 글자만 맞추어도 된다.

* 자유판에는 보드펜을 이용하여 유아가 직접 패턴을 만들어 본 후 목걸이를 만든다.

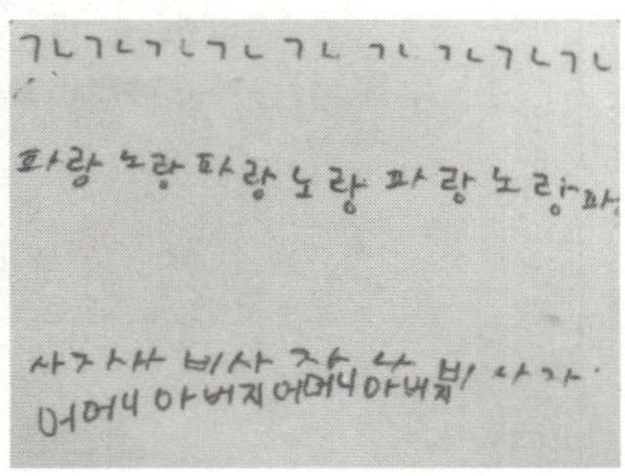

교구 내용 및 활동 방법

〈한글 숟가락 놀이〉

1. 2~6명의 유아가 게임 판을 한 개씩 나누어 갖는다.(EVA판 이용) 가위 바위 보로 순서를 정한다.
2. 모든 참가자는 숟가락을 이용하여 한글 비즈를 한 번씩만 떠서 게임판(EVA)에 올려놓는다.

35개 이하의 한글 비즈를 가져갈 수 있기 때문에 너무 많은 한글 비즈를 가져가지 않도록 주의한다. 다른 유아가 한글 비즈를 35개 보다 많이 가져갔을 거라 생각 되면 그를 욕심쟁이라고 부르며 고발 할 수 있다. 이때 다음 유아가 비즈를 떠가기 전에 고발해야 한다. 그 유아가 실제로 35개 이상의 비즈를 가진 욕심쟁이라면 35개를 초과한 비즈 수의 2배를 내야 한다. 그러나 35개 이하라면 고발한 유아가 자신의 비즈 5개를 그릇에 돌려놔야 한다.

교구 내용 및 활동 방법	3. 모든 유아가 한글비즈를 게임 판에 올려놓으면 게임 시간을 정하여 타이머를 맞춘다. (타이머 사용 방법: 한 바퀴를 끝까지 돌린 후 원하는 시간에 맞춘다. 시간은 5~10분이 적당하다.)  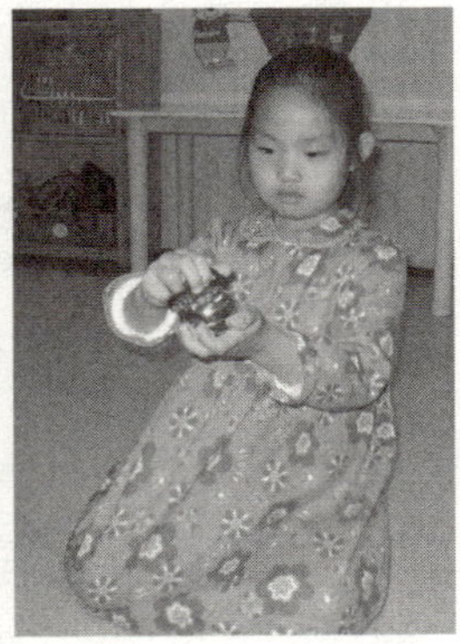 4. 시간이 다 될 때까지 가장 많은 단어나 문장을 만든 유아가 승리한다. 

부 록

'보육실습일지'는 교문사 홈페이지 자료실에서 다운로드 받아 사용할 수 있습니다.

보육실습 세부기준 및 적용기준

영유아보육법 제21조 제2항의 규정에 의거 '대학(전문대학 포함) 또는 이와 동등 이상의 학교에서 보육관련 교과목을 이수하고 졸업한 자'가 보육교사 자격증을 취득하기 위해서는 반드시 보육실습 교과목을 이수하고 졸업하여야 한다.

이와 관련하여 보육실습의 세부기준 및 2005년 1월 30일 영유아보육법 전후의 보육실습의 적용기준은 아래와 같다(여성가족부, 2007).

I 보육실습 일반 기준[요약]

1. 현행(개정) 보육실습 기준

구분	현행(개정) 보육실습 기준
교과목명	원칙 : 보육실습 인정 : 명칭이 다르더라도 실습기관과 실습기간의 조건을 만족하는 경우 실습으로 인정 ※ 유사교과목 인정 : 보육실습, 교육실습
학점	2학점(졸업학점에 포함) 이상으로 보육실습 이수
교과목 관계	보육실습 포함 12과목 35학점 이상 이수
필수과목 여부	필수과목 여부 무관
기간	4주, 160시간 이상
기관	법적으로 인가받은 보육시설(정원 15인 이상), 종일제 유치원
지도교사	보육교사 1급, 유치원 정교사 1급 자격 소지자

※ 현행기준 : 개정 영유아보육법 및 2006년도 이후 보육사업 안내에 근거

2. 종전 보육실습 기준

구분	종전 보육실습 기준
교과목명	원칙 : 보육실습 인정 : 교과목명이 다르더라도(교육실습, 보육실습 등) 내용상 보육실습을 이수한 경우
학점	학점에 대한 별도 규정 없음.
교과목 관계	보육실습 외 10과목 30학점 이상 이수
필수과목 여부	필수과목 여부 무관
기간	4주, 200시간 이상
기관	보육시설, 종일제 유치원, 사회복지시설(아동복지시설, 장애영유아 생활시설)
지도교사	보육교사 1급 자격 소지자

※ 종전기준 : 종전('05. 1. 30. 개정 전) 영유아보육법 및 2005년도 이전 보육사업 안내에 근거

Ⅱ 보육실습 세부기준

1. 현행 규정에 의한 보육실습 기준

가. 실습 형식

① 실습 이수 교과목

- 보육실습은 '보육실습'이라는 교과목으로 이수하는 것이 원칙
- 명칭이 다르더라도 실습기관과 실습기간의 조건을 만족하는 경우에는 보육실습으로 인정

※ 유사교과목 인정 : 보육실습, 교육실습

② 실습 이수 학점 : 반드시 2학점 이상으로 이수

- 성적증명서를 통하여 2학점 이상으로 이수하였는지 여부 및 성적이 확인되어야 하고, 졸업학점에도 포함되어야 함.
- 개정 영유아보육법 시행규칙 제12조제1항 [별표4]는 평가점수가 80점 이상인 경우에만 실습을 이수한 것으로 인정한다고 규정하고 있으므로, 80점(B학점) 이상의 성적을 취득하여야 함.

[참고사항] 실습교과목을 보육실습 Ⅰ,Ⅱ로 나눌 수 있는지 여부

- 야간대학 등 보육실습을 2회로 나누어 실시할 수 있는 경우 교과목을 보육실습 Ⅰ,Ⅱ로 나눌 수 있음.

  ※ 보육실습을 2회에 나누어 실시할 수 있는 대상은 야간대학, 한국방송통신대학, 원격대학에 한함.

- 학점은 각 1학점씩 이수한 경우, 총 2학점을 이수한 것으로 인정
- 실습은 교과목이 개설된 학기 중에 반드시 실시하여야 하므로, 교과목이 개설된 학기에 각 1회씩 실시
- 실습기간은 두 기간을 합산하여 4주, 160시간 이상

Q : A야간 대학에서 2학년 1학기에 보육실습Ⅰ, 2학년 2학기에 보육실습Ⅱ 교과목을 개설, 학점은 각각 1학점으로 하고, 학생들은 1학기에 2주 80시간, 2학기에 2주 80시간 동안 정원 15인 이상인 보육시설에서 실습을 실시한 경우 보육실습을 이수한 것으로 인정 가능한가?

A : 보육실습 이수 인정 가능

- 대상 학교의 적절성 : 야간대학이므로 가능
- 학점의 적절성 : 보육실습Ⅰ, Ⅱ가 각각 1학점씩 합계 2학점이므로, 총 2학점 이상 이수 인정
- 실습의 적절성 : 실습은 교과목이 개설된 학기 중에 실시하여야하므로, 보육실습 Ⅰ,Ⅱ가 개설된 학기에 각 2주, 80시간씩 총 4주, 160시간 실시하였으므로 인정

③ 다른 교과목과의 관계

- 보육실습을 포함하여 보육관련 교과목으로 인정되는 교과목 중 총 12과목 35학점을 이수할 경우 보육교사 자격 취득 가능

—〈참고 총 이수 교과목 기준〉—

- '05. 1. 29. 이전 (편)입학자로 졸업 시 보육교사 1급 자격 취득자
  - 총 10과목 30학점 외 보육실습 이수 필요
- '05. 1. 30. 이후 (편)입학자로 졸업 시 보육교사 2급 자격 취득자
  - 보육실습 포함 총 12과목 35학점 이상 이수 필요

④ 필수과목 이수 여부

- 반드시 필수과목으로 이수하여야 하는 것은 아니며, 선택과목이나 선수과목으로 이수하여도 무방.

※ 영유아보육법 시행규칙 제12조제1항 [별표4]에서 보육실습 이수과목에 대하여 '1과목(2학점) 필수' 라고 규정한 것은 반드시 이수하여야 한다는 뜻으로 성적증명서 상 전공필수로 이수하여야 한다는 뜻은 아님.

나. 실습 내용

① 실습 기간

- 4주, 160 시간을 원칙으로 하되, 야간대학 등의 경우에는 실습을 2회에 나누어 실시할 수 있음.
  - 연속 4주, 160시간 이상 실시하는 것이 원칙이고, 실습시간은 1일 8시간이 원칙

② 실습 기관

- 정원 15인 이상 보육시설, 종일제 유치원(교육청에 종일제 유치원으로 등록된 시설에 한함.)

③ 실습 지도교사

- 시설장(보육교사 1급 자격 소지자), 보육교사 1급 자격 소지자, 유치원 정교사 1급 자격 소지자

── 〈실습기간에 대한 해석〉 ──

• **4주, 160시간 이상이란?**

⇒ 연속하여(월요일 ~ 금요일 또는 토요일까지) 4주, 160시간 이상 실습을 실시하여야 하고, 1일 실습시간은 8시간이 원칙

따라서, 주 1회 실습 또는 주말실습 등 특정 요일에만 보육실습을 실시하여 그 시간이 160시간 이상이 되더라도 보육실습을 이수한 것으로 인정할 수 없음.

• **2회에 나누어 실시할 수 있는 대상은?**

⇒ 야간대학, 한국방송통신대학, 원격대학에 한해 2회에 나누어 실시할 수 있음.

• **2회에 나누어 실시하는 방법**

⇒ 하나의 보육실습 교과목을 개설한 경우 : 학기 내에 2회로 나누어 실시

학기를 달리하여 두개의 보육실습 교과목(Ⅰ, Ⅱ)을 개설한 경우 : 각 학기에 1회씩 실시

2. 종전 규정에 의한 보육실습 기준

가. 실습 형식

① 실습 이수 교과목

• 보육실습은 '보육실습'이라는 교과목으로 이수하는 것이 원칙

- 성적증명서를 통하여 교과목 확인이 가능하여야 함.

• 다만, 교육실습, 보육실습 등 교과목명이 다소 상이하더라도 '보육실습 확인서'를 통하여 내용상 보육실습 조건을 충족하는 것으로 확인된 경우 보육실습 이수 인정

- 보육실습 유사교과목의 인정 여부는 보육교사 자격검정위원회에서 결정하나, 교과목이 보육실습과 전혀 상이한 경우에는 불인정

※ 판단이 어려울 경우에는 강의계획서 등의 제출을 요구할 수 있음.

② 실습 이수 학점

• 종전 영유아보육법 및 보육사업안내에 이수 학점에 대한 별도 규정이 없으므로, 학점에 대해서는 제한하지 않음.

• 다만, 보육실습을 어떤 교과목으로 이수하였는지는 성적증명서를 통하여 반드시 확인이 가능하여야 함.

③ 다른 교과목과의 관계

• 보육교사 자격 취득을 위해 이수하여야 하는 유아교육 또는 아동복지 관련 교과목 10과목 30학점 외 보육실습 이수

④ 필수과목 이수 여부

• 종전 영유아보육법 시행규칙 제8조 제2항 [별표4]는 보육실습을 필수과목으로 채택하여야 한다고 규정하고 있으므로, 필수과목으로 이수하는 것이 원칙

• 다만, 학부제 등 대학의 다양한 학과 운영형태를 고려하여 선택과목 등으로 이수한 경우에도 인정

※ 보육실습 관련 교과목을 이수하지 않고 보육실습확인서만 제출한 경우에는 불인정

나. 실습 내용

① 실습 기간

• 실습 기간은 4주 이상, 총 실습 시간은 200시간 이상이 원칙

– 보육실습은 실습 교과목이 개설된 학기 기간에 실시하는 것이 원칙

• 실습 기간에 대한 정확한 확인이 불가능하거나, 실질적으로 4주, 200시간 이상을 이수하였다고 보기 어려운 경우에는 자격검정위원회의 결정에 따라 불인정 가능

※ 보육실습확인서로 확인이 불가능할 경우에는 실습일지, 실습평가서 등의 제출을 요구할 수 있음.

② 실습 기관

• 보육시설, 유치원(종일제 유치원), 사회복지시설(아동복지시설, 장애영유아 생활시설)

※ 실습 지도교사의 기준에 대하여 영유아보육법에서는 별도 규정하고 있지 않으나, 보육사업안내에서 보육교사 1급 자격 소지자로 제한

Ⅲ 적용 기준

1. 일반원칙

• 보육교사 자격 취득을 위해 (전문)대학 등에서 이수하여야 하는 교과목 및 학점과 같이 (전문)대학의 입학 시기 및 실제 보육실습 시기를 기준으로 종전 또는 개정규정에 의한 실습기준 적용

구분	2005년까지 입학생		2006년 이후 입학생
	2005년 말까지 실습 이수자	2006년 이후 실습 이수자	
보육실습 기준	종전 규정	현행 규정 단, 실습이수 교과목 및 학점은 종전규정 적용	현행 규정

2. 편입, 전과, 복수전공생에 대한 적용

• 편입, 전과, 복수전공 당시 같은 학년의 실습인정 기준에 따름

〈예시〉

Q : 2003년도에 A대학 행정학과에 입학한 자가, 2005년 3월 B대학(4년제)의 보육학과의 3학년으로 편입학하여 2006년도에 보육실습을 실시할 경우 적용 기준은?

A : 현행규정에 의한 보육실습 기준 적용

- 편입학 당시 2003년도에 입학한 3학년 학생과 같이 수업을 듣게 되므로, 보육실습은 2003학년도 입학생의 기준을 적용
- 2005년도 이전 입학자로서 실제 보육실습 이수 시기가 2006년도 이므로 현행규정에 따라 보육실습 이수
- 단, 실습이수 교과목 및 학점에 대해서는 종전규정 적용

Ⅳ	보육실습확인서

1. 개 요

- 1998. 3. 1. 이후 졸업자는 반드시 보육실습을 이수하고 졸업하여야 보육교사 자격 취득이 가능한 바,
- 1998. 3. 1. 이후 졸업자로서 보육교사 자격증을 발급받고자 하는 자는 보육실습 내용의 적절성을 증명하는 보육실습확인서를 제출하여야 함.

2. 보육실습확인서 양식

- 보육실습확인서 양식은 보육실습 이수 당시 보육사업안내에서 규정한 양식을 기준으로 함.
- '07년부터 보육실습확인서 양식이 변경되는 바, '07년 이후 보육실습 이수자는 변경된 양식([붙임3] 참조) 제출
  - 각 대학에서는 반드시 변경된 양식을 사용하도록 하여 재학 중인 학생이 피해를 입지 않도록 주의 요망

시기별 보육실습확인서 양식

실습 시기	'98년 ~ '05년	'06년	'07년 이후
양 식	[붙임1]	[붙임2]	[붙임3]

3. 기타 유의사항

- 보육실습확인서는 원본을 제출하는 것이 원칙
  - 다만, '05년도 이전 졸업자로서, 확인서 분실 및 원본 학교 보관 등의 사유로 원본 제출이 불가능한 경우 학교장의 원본대조를 필한 사본 제출 인정

[붙임 1] 2005년도까지 보육실습확인서 양식

보 육 실 습 확 인 서

성　　　명 :

주민등록번호 :

대학 · 학과명 :

실습기관명　:

(주소 및 연락처 :　　　　　　　　　　　　　　　　　　)

시 설 종 류 :

※ 보육시설 · 유치원(종일제) · 사회복지시설(아동복지시설 · 장애영유아시설) 중 해당사항 기재

실 습 기 간 :　　　주(　　시간)

위 사람은 종전 법 시행규칙 제8조제2항에 의한 보육실습을 충실히 이수하였음을 확인합니다.

년　　월　　일

시설장　　　　　(서명 또는 인)

학과장　　　　　(서명 또는 인)

[붙임 2] 2006년도 보육실습확인서 양식

보 육 실 습 확 인 서

성　　　명 :

주민등록번호 :

대학 · 학과명 :

실습기관명 :

(주소 및 연락처 :)

시 설 종 류 :

실 습 기 간 : 부터 까지 (주, 시간)

위 사람은 영유아보육법시행규칙 제12조제1항에 의한 보육실습을 충실히 이수하였음을 확인합니다.

년 월 일

시설장 (서명 또는 인)

학과장 (서명 또는 인)

주) ① 적용대상 : 1998. 3월 이후 졸업생부터 적용
② 실습기관은 15인 이상 보육시설, 종일제 유치원에 한함.
③ 시설의 종류에는 보육시설, 종일제 유치원으로 구분하여 기재함
④ 실습기간은 연월일의 기간을 기재하되, 주시간을 ()에 내서함

[붙임 3] 2007년도 이후 보육실습확인서 양식

보 육 실 습 확 인 서

1. 실습 이수자 기본사항

이 름	주민등록번호	학교명	학과명	이수 교과목(학점)

2. 실습기관

실습기관명	시설종류	주 소	연락처

3. 실습 지도교사

이 름	자격 종류	자격번호

4. 실습 기간

실습기간	년 월 일 ~ 년 월 일(주간)
실습시간	총 시간 (매주 요일 ~ 요일까지, 1일 시간)

위 사람은 영유아보육법시행규칙 제12조제1항에 의한 보육실습을 충실히 이수하였음을 확인합니다.

년 월 일

시설장 (서명 또는 인)

학과장 (서명 또는 인)

※ 첨부서류
1. 실습기관 시설인가증 사본 1부
2. 실습 지도교사 자격증 사본 1부

※ 시설종류 : 보육시설, 종일제 유치원 중 선택
자격종류 : 보육교사 1급, 유치원 정교사 1급 중 선택

관찰관련 서식

1. 영유아놀이 및 발달 관찰 양식(표본식 기술)

<table>
<tr><td colspan="3">반 명 : 관 찰 자 :
관찰영유아(성별) : (남, 여) 생년월일 : 년 월 일(만 세)
관찰일시 : 년 월 일 (시 분 ~ 시 분)
장 면 :</td></tr>
<tr><td>시 간</td><td>관 찰 내 용</td><td>해 석</td></tr>
<tr><td></td><td></td><td></td></tr>
</table>

관찰기록(예시)

관찰기록이란 관찰자가 영유아의 행동을 관찰하면서 관찰자의 주관적인 판단 없이 보이는 대로 객관적으로 서술을 하여 기록하는 것이다. 이러한 기록을 통하여 영유아의 객관적인 현재의 상태를 파악하는데 도움이 된다.

현장에서 실시하고 있는 관찰기록의 예를 보면 다음과 같다.

관찰기록의 예(1)

반 명 :		관 찰 자 : ○ ○ ○
관찰영유아(성별) : 김 연 주 (남, 여) 생년월일 : 년 월 일(만 세) 관찰일시 : 년 월 일(시 분～ 시 분) 장 면 :		
시 간	**활 동**	**기 타**
등원 및 자유활동	연주는 등원을 해서 작은 나무에게 인사를 하고 옷을 벗으러 교실로 갔습니다. 9시 40분이 다 되어서 들어왔기에 좀 일찍 등원한 편입니다. 1층 마루로 와서 다른 아이들이 하는 활동을 잠시 본 후 이면지를 가지고 와서 그림을 그립니다. 특별한 상호 작용은 없었습니다.	
오전 활동	간식을 먹으며 아침 열기를 합니다. 오늘 할 활동에 대해서 아이들의 의견을 물어봅니다. 연주는 꽃밭의 이야기를 듣고 있다가 찰흙놀이를 하자고 이야기 합니다. 물론 다른 아이들도 밀가루점토놀이와 색종이 접기 등의 다른 의견을 내 놓지만 다수결에 따라 찰흙놀이를 합니다. 아이들이 모두 찰흙놀이를 준비하려고 손을 씻고 옷을 걷어 올리고 책상에 모입니다. 주제는 없었고 아이들이 만들고 싶은 것을 만듭니다. 재범이가 활동을 하면서 병관이랑 마구 떠들며 이야기 하자 연주는 "오늘 재범이 흥분했다" 하며 꽃밭에게 말을 합니다. 그러자 꽃밭이 "너희들이 보기도 그렇지?" 하자 연주는 "응" 이라고 대답하고는 찰흙놀이에 열중합니다. 꽃밭이 연주에게 "뭐 만들거야?" 하자 "난 케이크, 물고기 " 라고 말하며 만듭니다. 저도 같이 찰흙 만들기를 했는데 그때 통나무집을 만들었습니다. 그러자 연주가 관심을 보이더니 "뭐 만들어?" 하고 묻자 " 어~ 난 통나무집 만들거야" 했더니 잠깐 보더니 만들던 것을 계속 만들었습니다. 그리고 나서 다시 "나도 도와줄까?" 라고 둘어서 "응" 이라고 대답했습니다. 연주는 "난 문을 만들께" 하며 문을 만들고 "문고리가 없네" 라고 말하곤 문고리도 만들었습니다. "창문도 만들고 굴뚝도 만들었습니다. 꽃밭이 헨젤과 그레텔에 나오는 집 같다고 하니	찰흙놀이를 하면서 다른 아이들도 같이 숲속작은 집 꾸미기를 하고 싶어하자 연주에게 "나도 같이할께" 라고 말하면 " 그래" 라고 말했습니다. 작은 집 만들기를 주도적

	깐 연주는 "아니야 여기는 숲속 작은집이야" 라고 말했습니다. 다른 아이들도 관심을 갖기 시작하면서 숲속 작은 집에 연못과 우물, 모닥불, 나무, 새 등을 포함하여 36개 이상의 작품을 만들었습니다. 정리할 시간이 되자 꽃밭이 "찰흙을 다시 뭉쳐야하는데...." 라고 말하니깐 재범이가 "안돼" 하며 말렸습니다. 연주도 "이거 말리면 안돼?" 하자 꽃밭이 "말리더라고 다 부서질 것 같은데... 그래도 한번 말려보자" 며 그늘에 말립니다. 연주는 손을 씻고 수건으로 손을 닦습니다. 옷을 벗어 정리하고 마루로 나갔습니다. 그리고 다른 아이들과 놀이를 합니다.	으로 이끌어 나갔습니다.
자유놀이	찰흙놀이를 정리하고 마루에 갔습니다. 연주는 네발로 기어 다니며 마루에 있는 창틀에 있다가 번쩍 뛰어내려오고 다시 올라가서 뛰어내리고 기어 다녔습니다. "지금 뭐 하는거야?" 라고 물었더니 "난 도둑고양이야. 이름은 티라노고" 라고 말하곤 왔다 갔다 네발로 기어 다녔습니다. 그리고 40~50cm정도 되는 트리를 세워놓고 뛰는거 연습한다며 그 위를 뛰어넘었습니다. 다른 아이들이 "뭐 하는거야?" 라고 묻자 "난 고양이야 이름은 도둑고양이야" 라고 말을 했습니다. 마루를 네발로 기어 다니며 계속해서 고양이 흉내를 내었습니다. 잠시 나가더니 들어와서는 "정리해" 라며 다른 아이들에게 정리하라고 했습니다. 연주는 방으로 들어가고 나머지 아이들은 정리를 했습니다.	연주는 고양이 놀이만 했다고 하며 정리하지 않고 방으로 들어갔습니다.
점심시간	점심을 먹으면서 꽃밭은 오늘 은서가 점심을 준비하면서 힘들었음을 이야기했습니다. 점심을 다 먹은 후 은서에게 "오늘 점심 맛있게 먹었어. 고마워" 라고 말을 했으면 좋겠다고 이야기합니다. 연주도 듣고 있다가 점심을 먹습니다. 연주는 꽃밭의 얼굴을 자기 가까이에 대보라고 하더니 "무슨 소리가 들려" 라고 말을 합니다. 꽃밭은 "그러네 음식 씹는 소리가 들려" 라고 말을 하자 아이들이 모두 조용히 자신의 음식 씹는 소리를 들었습니다. 꽃밭이 "김치를 먹으면 소리가 더 크게 들려" 라고 말을 하자 연주도 김치를 입에 넣더니 "정말 크게 들려" 라고 말을 하곤 소리를 듣습니다. 그리고는 두 손을 귀로 막더니 "귀를 막으면 더 크게 들린다." 라고 말을 하자 아이들이 모두 귀를 막고 소리를 들었습니다. 밥을 먹으면서 연주는 가끔 먼 곳을 보며 딴생각도 했지만 열심히 점심을 먹었습니다. 점심을 다 먹고 서진이와 그릇을 가지고 부엌으로 가서 은서에게 "오늘 점심 준비하느냐고 힘들었지? 오늘 오므라이스 너무 맛있었어." 라고 말을 했습니다.	꽃밭의 이야기에 관심이 없는 줄알았는데 그릇을 갔다주면서 은서에게 잘먹었다고 감사하다고 이야기하는 것을 보고 놀랐습니다.

자유 놀이	연주가 2층에 올라가더니 보자기를 다 가지고 내려와서는 마루에 던져놓았습니다. 연주는 하늘빛 보자기를 허리에 둘러서 치마를 만들더니 나무로 집을 만들어 놓은 곳에 가서 피아노를 친다며 종이를 세워놓고 피아노 치는 흉내를 내었습니다. 그리고는 "나 피아노 치는거야" 라며 말을 했습니다. 집모양의 블록에서 나와 새봄이 일하는 곳에서 잠시 서서 구경을 하다가 마루에서 나갔습니다. 다시 집 모양으로 들어가서는 보자기를 두개를 양손에 한개 씩 들고 춤을 추듯 빙글 돌았습니다. 제가 쳐다보고 있는 것 보고서는 행동을 멈추고 보자기를 내려놓고 다른 친구에게 갔습니다. 연주는 도연이에게 가서 도연이의 머리띠를 가져가서는 머리에 끼자 도연이가 머리띠를 달라며 따라 다녔습니다. 연주는 머리띠를 도로 도연이에게 주고 다시 새봄이 일하는 곳에 가서 일하는 것을 바라보았습니다.	
책 읽는 시간	꽃밭이 "책 읽는 시간이야. 책 읽자" 라고 말하니깐 [쉿~ 엄마 깨우지마]라는 책을 집어서 앉아서 읽었습니다. 말하면서 큰소리로 읽었습니다. 꽃밭이 동화책을 골라온 것을 읽어 주기 전에 노래를 부르며 간단한 율동을 하자 따라했습니다. "눈꽃송이" 노래에 맞추어 율동을 하고 책을 조용히 앉아서 들었습니다.	책읽는 시간은 다른 아이들과 달리 유난히 조용했습니다.

2. 영유아놀이 및 발달 관찰 양식(시간 표집법)

학 급 명 :　　반(만　세반)　관찰일시 :　　년　월　일 (　시　분 ~　시　분)
관 찰 자 :　　　　　　　　　관찰영유아(성별) :　　　　(남, 여)

구분 \ 시간			: ~ :	: ~ :	: ~ :	: ~ :	: ~ :	: ~ :
놀이 상황	놀이공간							
	놀이자료							
	놀이상대							
놀이의 유형	기능놀이							
	구성놀이							
	극놀이							
	게임	테이블						
		신 체						
		언 어						
	거친 신체놀이							
사회적 형태	쳐다보기							
	혼자놀이							
	병행놀이							
	협동	짝						
		집단						
비참여 / 방관 / 전이								
비놀이 활동								

3. 영유아 놀이 및 발달 관찰 양식(행동 목록법)

성 명		생년월일			성 별	남, 여
기 간	회	년 월 일		회	년 월 일	

* 대상 : 전체연령

발 달 영 역	1학기			2학기			비고
기본생활습관 1. 정리정돈을 할 수 있다. 2. 간식/식사 전에 손을 씻는다. 3. 규칙(차례, 약속)을 잘 지킨다. 4. 어른에게 존댓말을 사용한다. 5. 음식을 골고루 먹는다. 6. 교사의 지시를 잘 이해하고 따른다. 7. 물건을 소중히 다루고 아껴 쓴다. 8. 고마워, 괜찮아, 미안해 등의 말을 적절하게 사용한다. 9. 화장실 사용 후 뒤처리를 혼자 한다. 신체발달 1. 자세가 바르다. (앉을 때, 걸을 때, 서 있을 때) 2. 행동이 민첩하다. 3. 바깥놀이에 활발히 참여한다. 4. 한 발로 깡충 뛰기를 할 수 있다. 5. 공을 던지고 받을 수 있다. 6. 손 사용에 있어서 선호도를 보인다. (왼손, 오른손) 7. 손잡이나 병 뚜껑을 쉽게 돌린다. 8. 주스나 우유를 흘리지 않고 따를 수 있다. 9. 단추를 열고 잠글 수 있다. 10. 작은 물건을 집을 수 있다. (손바닥으로, 손가락으로) 11. 가위질을 할 수 있다. 12. 매트나 이부자리에서 구르기를 할 수 있다. 13. 크레파스, 색연필로 색칠할 수 있다. 14. 색종이를 뜯어 붙일 수 있다. 15. 음악이 나오면 몸을 흔든다.							

발 달 영 역	1학기			2학기			비고
인지발달							
1. 질문을 많이 한다.							
2. 사물을 주의 깊게 본다.							
3. 상식이 풍부하다.							
4. 문제상황이 생겼을 때 다양한 방법으로 해결을 시도한다.							
5. 자연현상에 대하여 관심이 있다.							
6. 계절의 변화를 이해한다.							
7. 낮과 밤이 다름을 이해한다.							
8. 날씨의 변화에 따라 옷을 다르게 입어야 함을 안다.							
9. 기본 도형의 이름을 안다.							
10. 5가지 이상의 색깔의 이름을 안다.							
11. 어제, 오늘, 내일을 알고 사건을 순서에 따라 배열할 수 있다.							
12. 사물을 한 가지 속성에 따라 분류한다(색, 모양, 크기).							
13. 합리적인 수세기를 한다. (1~10)							
14. 하루일과의 순서를 안다.							
15. 사물의 수량이 많고 적음을 보고 변별한다.							
16. 일 대 일 대응을 할 수 있다.							
17. 자신을 중심으로 위, 아래, 앞, 뒤를 구별한다.							
18. 자신을 중심으로 왼쪽, 오른쪽을 안다.							
19. 새로운 사건에 흥미와 호기심이 많다.							
자기 정체성							
1. 엄마와 쉽게 떨어진다.							
2. 교사의 권유 없이 활동을 스스로 선택해서 논다.							
3. 자신의 권리와 의견을 주장한다.							
4. 자기가 하는 일에 열중한다. (집중력이 있다)							
5. 자기가 하는 일에 자신감을 보인다.							
6. 자기가 시작한 일을 끝마친다.							
7. 언어와 행동이 늘 긍정적이다.							
8. 자신의 작품에 대체로 만족한다.							

발 달 영 역	1학기			2학기			비고
언어능력							
1. 주의 깊게 듣는다.							
2. 두 가지 사물을 비교하여 말할 수 있다.							
3. 사용하는 어휘수가 많고 다양하다.							
4. 사용하는 문장의 길이가 길어진다.							
5. 문법적인 문장을 사용하기 시작한다.							
6. 긁적거리기 단계의 쓰기 현상이 나타난다.							
7. 기초적인 낱말과 문장을 듣고 이해한다.							
8. 분명한 발음으로 말한다.							
9. 자신의 의견을 분명히 말한다.							
10. 또래와 대화를 할 수 있다.							
11. 상황에 따라 알맞게 말할 수 있다.							
12. 이야기를 듣고 기억해내어 이야기한다.							
13. 교사가 나타내는 신호나 지시에 따른다.							
14. 들은 글을 이해하여 순서대로 말한다.							
15. 글자에 관심을 보인다.							
16. 자신의 이름을 쓸 수 있다.							
17. 간단한 글자를 읽는다.							
18. 어른의 도움 없이 혼자 책을 읽는다.							
19. 책읽기를 좋아한다.							
20. 바르게 앉아서 쓴다.							
21. 연필, 필기도구를 바로 잡고 쓴다.							
22. 새로 내놓은 책에 관심을 갖는다.							
23. 교사의 도움 없이 혼자 간단한 단어를 쓴다.							
24. 창의적으로 이야기를 꾸며 말할 수 있다.							
25. “왜?” “만약에....” 등으로 시작하는 질문을 한다.							
표현력과 창의력							
1. 음악이나 악기 소리에 맞추어 몸을 움직인다.							
2. 악기를 연주하는 일에 관심을 보인다.							
3. 자신의 생각과 느낌을 그림으로 표현할 수 있다.							
4. 독창적이고 다양한 형태의 표현을 시도한다.							
5. 여러 가지 재료를 이용하여 다양한 방법으로 만들고 꾸밀 수 있다.							
6. 역할 놀이에서 맡은 역할을 잘 해낸다.							
7. 놀이의 주제를 다양하게 선택한다.							

발 달 영 역	1학기			2학기			비고
사회성 발달							
1. 친구들과 함께 놀이를 한다.							
2. 다양한 놀이에 참여한다.							
3. 친하게 지내는 친구가 많다.							
4. 친구에게 놀이를 하자고 제안한다.							
5. 새로운 교구에 흥미를 보인다.							
6. 새로운 환경에 적응을 한다.							
7. 이미 진행되고 있는 놀이에 자연스레 끼어든다.							
8. 친구의 놀이나 활동을 방해하지 않는다.							
9. 문제 상황이 생기면 말로 해결한다.							
10. 다른 친구의 물건을 사용할 때 허락을 구한다.							
11. 자기보다 약한 친구를 도와준다.							
12. 친구가 도와주면 "고맙다"라고 말한다.							
13. 단체 생활에서 여러 친구들과 협동한다.							
14. 친구와 약속을 지킨다.							
15. 친구들이 좋아한다.							
16. 단체 생활에서의 규칙을 지킨다.							
17. 새로운 활동에 적극적으로 참여한다.							
18. 차례를 잘 지키고 잘 기다린다.							
19. 내 물건과 다른 사람의 물건을 구별하여 사용한다.							
20. 활동에 자신감을 갖고 참여한다.							
21. 교사와 관계가 능동적이다.							
22. 교사와 상호 작용을 잘 한다.							
23. 친구들의 이름을 알고 가끔 친구에 대해 이야기한다.							
24. 다른 유아와의 문제 해결을 위해 교사나 다른 성인들의 도움을 요청한다.							
25. 또래와 상호작용을 잘 한다.							
26. 다른 사람의 감정을 이해하고 그에 맞는 말이나 행동을 한다.							
27. 친구에게 양보할 줄 알고, 나누어 쓸 수 있다.							
28. 친구나 교사를 잘 도와준다.							
공격적인 행동							
1. 가만히 있는 친구를 공연히 툭툭 치거나 밀친다.							
2. 물건을 다른 사람에게 던진다.							
3. 다른 사람을 발로 차거나 때린다.							
4. 친구를 꼬집거나 깨문다.							
5. 다른 아이가 하는 일을 건드려서 망쳐놓는다.							
6. 친구가 가지고 놀고 있는 장난감을 빼앗는다.							

발 달 영 역	1학기			2학기			비고
정서 발달							
1. 자신의 감정을 말로 표현한다.							
2. 친구가 울고 웃으면 관심을 갖고 반응한다.							
3. 잘 웃는다.							
4. 친구가 다치면 교사에게 말하거나 관심을 갖는다.							
5. 사소한 일에는 울지 않는다.							
6. 웬만한 일에는 공포를 느끼지 않는다.							
7. 성격이 명랑하다.							
8. 자신의 감정을 나타내거나 말로 표현한다.							
9. 생각이 독창적이다.							
10. 활동에 참여하려는 의욕이 강하다.							
11. 자신이 갖고 놀던 장난감을 빼앗기면 친구에게 자신의 감정을 말로 표현하고 다시 돌려받는다.							
12. 자신과 친숙한 성인이 다가오면 좋아한다.							
13. 다른 사람의 감정에 적절한 반응을 보인다.							
14. 음악을 듣고 감상할 수 있다.							
15. 다른 사람의 감정이 어떤지를 인식하고 있다.							
16. 상상력이 풍부하다.							
17. 자연이나 환경을 주의 깊게 관찰한다.							
18. 교육 활동에 참여하는 태도가 안정적이다.							
19. 새로운 환경에 잘 적응한다.							
20. 자신의 감정이나 행동을 상황에 맞게 조절한다.							
21. 자신의 생각과 느낌을 자유롭게 표현한다.							
부적응 행동							
1. 자기의사를 잘 표현하지 못한다.							
2. 다른 사람과 말할 때 마주 쳐다보지 못한다.							
3. 다른 사람과 이야기할 때 '예, 아니오'라고만 대답한다.							
4. 용품(크레파스 등)이 없어도 같이 쓰자는 말을 못한다.							
5. 친구들에게 자기감정이나 의사를 나타내지 못한다.							
6. 낯선 사람 앞에서는 말을 못한다.							
7. 공연히 얼굴을 붉히거나 유난히 수줍음을 탄다.							
8. 남이 조금만 뭐라고 해도 당황하거나 쩔쩔맨다.							
9. 어른이 조금이라도 꾸중을 하기만 하면 울기부터 한다.							
10. 지명을 받았을 때 재촉 받고서야 마지못해 일어난다.							
11. 선생님의 질문에 알면서도 더듬거나 말을 하지 않는다.							

3. 영유아 놀이 및 발달 관찰 양식(평정 척도법)

성 명		생년월일			성 별	남, 여
기 간	회	년 월 일		회	년 월 일	

* 대상 : 만3세

		발 달 기 준	노력 요함 ⇐ ⇒ 아주 잘함
신체발달	대근육	발을 번갈아가며 계단을 오르내릴 수 있다.	① ② ③ ④ ⑤
		세발자전거를 타고 방향을 전환 할 수 있다.	① ② ③ ④ ⑤
		30㎝ 높이에서 뛰어 내릴 수 있다.	① ② ③ ④ ⑤
		상대방에게 공을 던질 수도 있고, 상대방의 공을 받을 수도 있다.	① ② ③ ④ ⑤
		혼자서 그네를 탈 수 있다.	① ② ③ ④ ⑤
		평균대 위를 바르게 걷는다.	① ② ③ ④ ⑤
		놀이 기구에 쉽게 오를 수 있다.	① ② ③ ④ ⑤
		멀리뛰기, 높이뛰기, 뛰어넘기가 가능하다.	① ② ③ ④ ⑤
	소근육	단순한 형태를 잘라서 풀로 붙일 수 있다.	① ② ③ ④ ⑤
		블록이나 레고를 갖고 간단한 모형 판의 모형을 만들 수 있다.	① ② ③ ④ ⑤
		주어진 두 선의 밖을 벗어나지 않고 가운데 선으로 그릴 수 있다	① ② ③ ④ ⑤
		연필을 바르게 잡는다.	① ② ③ ④ ⑤
		주어진 글자나 숫자틀을 본 뜰 수 있다.	① ② ③ ④ ⑤
		가위로 직선과 곡선을 자를 수 있다.	① ② ③ ④ ⑤
		장난감 용구를 사용하여 나사를 조이거나 풀 수 있다.	① ② ③ ④ ⑤
		큰 벨트나 단추를 끼울 수 있다.	① ② ③ ④ ⑤
		신발끈매기 이외의 혼자 옷입기가 가능하다.	① ② ③ ④ ⑤
사회성발달	기본생활습관	전화를 통해 인사 할 수 있다.	① ② ③ ④ ⑤
		수저를 자유롭게 사용한다.	① ② ③ ④ ⑤
		지시에 따라 공공장소에서 바른 행동을 보인다.	① ② ③ ④ ⑤
		지시가 없어도 손수건이나 휴지로 코를 닦는다.	① ② ③ ④ ⑤
		자기 전 또는 깨어났을 때 엄마, 아빠에게 인사말을 한다.	① ② ③ ④ ⑤
		밤중에 깨우면 소변을 볼 수 있다.	① ② ③ ④ ⑤
	자율성	치약을 짜서 양치질을 한다.	① ② ③ ④ ⑤
		지시에 의해 잘못 끼운 단추를 다시 끼운다.	① ② ③ ④ ⑤
		등원이나 외출시 자신의 소지품을 챙긴다.	① ② ③ ④ ⑤
		바지나 옷에 부착된 벨트를 매거나 푼다.	① ② ③ ④ ⑤
		보호 없이도 혼자서 놀러 나간다.	① ② ③ ④ ⑤
	친사회적행동	옳은 행동과 나쁜 행동을 판단할 수 있다.	① ② ③ ④ ⑤
		또래 친구와 협동놀이를 한다.	① ② ③ ④ ⑤
		다른 사람들과의 약속을 기억하거나 지키려고 한다.	① ② ③ ④ ⑤
		다른 사람의 물건을 사용할 때 허락을 구한다.	① ② ③ ④ ⑤
		잘못하였을 때 사과 할 줄 안다.	① ② ③ ④ ⑤
		남아가 좋아하는 놀이와 여아가 좋아하는 놀이의 구분이 분명하다	① ② ③ ④ ⑤
		규칙에 대해 관심을 갖는다.	① ② ③ ④ ⑤
	사회현상	성 차이, 결혼 및 아기 출산, 엄마와 아빠의 역할, 우리동네, 이웃의 생활 등에 대한 이해가 아직 이루어지지 않는다.	① ② ③ ④ ⑤

		발 달 기 준	노력 요함 ⇐ ⇒ 아주 잘함
정서발달	기본 정서	공격성이 심하게 나타난다.	① ② ③ ④ ⑤
		반항적이며 고집이 세다.	① ② ③ ④ ⑤
		다른 사람의 감정에 민감하다.	① ② ③ ④ ⑤
		이 시기의 질투의 주요 대상은 형제이다.	① ② ③ ④ ⑤
		죽음, 노인, 어둠, 동물, 상처 부모의 별거를 두려워한다.	① ② ③ ④ ⑤
	정서 표현	노래나 율동 하는 것을 좋아한다.	① ② ③ ④ ⑤
		친구들 중에 좋아하는 친구와 싫어하는 친구가 생긴다.	① ② ③ ④ ⑤
	정서 이해	좋아하는 TV 프로그램이 있다.	① ② ③ ④ ⑤
		가장 좋아하는 장난감은 교통 놀잇감이다.	① ② ③ ④ ⑤
		자신이 좋아하는 TV 프로그램을 보고 자신의 느낌을 말한다.	① ② ③ ④ ⑤
		자신이 만든 작품이나 작업을 전시하기를 좋아한다.	① ② ③ ④ ⑤
언어발달	발음	단자음과 복자음(가자, 까자)의 발음을 구별한다.	① ② ③ ④ ⑤
		단모음과 복모음(가지, 가제)의 발음을 구별한다.	① ② ③ ④ ⑤
		거의 모든 발음이 정확하고 분명하다.	① ② ③ ④ ⑤
	어휘	액 1500-2000개 정도의 어휘가 가능하다.	① ② ③ ④ ⑤
		유행어, 속어, 부적절한 언어를 사용한다.	① ② ③ ④ ⑤
	문법	접속 문장(예:나는 초코칩을 좋아하고, 쿠키와 우유도 좋아한다.)이 나타난다.	① ② ③ ④ ⑤
		"해야한다." "할 수 있다" 등과 같은 조동사가 나타난다.	① ② ③ ④ ⑤
		복문의 형태(예:내가 친구와 함께 놀고 있을 때, 누가 나를 뒤에서 밀었어요)가 나타난다.	① ② ③ ④ ⑤
		수동의 형태(예:누가 얻어 맞았대요)가 나타난다.	① ② ③ ④ ⑤
	이해	TV 만화 프로그램의 줄거리를 거의 모두 이해한다.	① ② ③ ④ ⑤
	표현	전화를 받고 묻는 말에 대답한다.	① ② ③ ④ ⑤
		자신의 기분, 느낌, 감정 등을 말로서 표현한다.	① ② ③ ④ ⑤
		다른 사람의 대화에 참여하여 가끔 자신의 주장을 말한다.	① ② ③ ④ ⑤
		아는 글자를 쓰려고 한다.	① ② ③ ④ ⑤
		6-8개 단어로 이루어진 문장을 사용한다.	① ② ③ ④ ⑤

		발 달 기 준	노력 요함 ⇐ ⇒ 아주 잘함
인지발달	대물인지	신체 부위의 이름을 대면 모든 신체 부위를 지적할 수 있다.	① ② ③ ④ ⑤
	기억	원이나 놀이터에서 생겼던 일들을 바르게 말한다.	① ② ③ ④ ⑤
		이야기를 듣고 중요한 사항 등은 기억해 낼 수 있다.	① ② ③ ④ ⑤
	예축활동	그림 중에서 빠진 부분이나 잘못된 부분을 지적할 수 있다.	① ② ③ ④ ⑤
		자신이 만든 작품이나 주요 그림의 특징 등을 설명할 수 있다.	① ② ③ ④ ⑤
		20조각의 퍼즐 조각을 완성할 수 있다.	① ② ③ ④ ⑤
	분류	두 가지 준거를 동시에 고려하여 부분적으로 묶을 수 있다.	① ② ③ ④ ⑤
		개인 소유물과 공동 소유물을 분류할 수 있다.	① ② ③ ④ ⑤
		세 가지 색으로 된 물체를 주면 완전히 분류할 수 있다.	① ② ③ ④ ⑤
		집안의 물건 중 가족의 소유물을 바르게 구분할 수 있다.	① ② ③ ④ ⑤
	배열	크기가 다른 젓가락 7개를 키 순서대로 배열한다.	① ② ③ ④ ⑤
		크기가 서로 다른 화병을 순서대로 나열해 두면, 화병의 크기에 알맞은 꽃의 크기를 화병에 골라 넣을 수 있다.	① ② ③ ④ ⑤
	수	주어진 물건 10개의 수를 바르게 헤아린다.	① ② ③ ④ ⑤
	시간	사건의 순서, 시계, 요일, 과거-현재-미래, 계절 그리고 시계의 큰바늘과 작은 바늘의 의미를 바르게 알지 못한다.	① ② ③ ④ ⑤
	공간	상대방의 오른쪽-왼쪽, 집에서 가까운 곳-먼곳, 그리고 원과 집의 내왕 등이 잘 되지 않는다.	① ② ③ ④ ⑤
	측정	손 또는 신체부분, 막대기 등을 이용하여 면적, 길이, 높이 등은 바르게 측정하지 못한다.	① ② ③ ④ ⑤

교사의 의견	부모님 의견

20 년도

보 육 실 습 일 지

실 습 생	학 과	
	학 번	
	성 명	
실 습 기 관	기관명	
	시설장	
	실습지도교사	
실 습 기 간	20 년 월 일 ~ 20 년 월 일	
담당지도교수	(인)	

사진

대학(교) (학)과

보육실습 목적

보육실습이란 아동 및 유아관련학과에서 소정의 이수교과목을 이수한 뒤에 일정기간 동안 보육현장에서의 실제적인 보육활동에 참여하는 것을 의미한다. 보육실습은 구체적으로 다음과 같은 특성을 갖는다.

① 보육실습은 경험학습이다.
② 보육실습은 연구이다.
③ 보육실습은 전문직업 교육방법에 따른다.
④ 보육실습은 영유아에게 현직 보육교사의 보육활동과 똑같은 중대한 영향을 준다.

보육실습은 다음과 같은 의의를 갖는다.

① 실습기관의 입장에서는 필요한 자원을 양성하고 확보하는 기초가 된다.
② 실습생의 입장에서는 보육교사로서 능력 내지 적성을 시험해 보는 기회가 된다.
③ 이미 습득한 보육이론과 실제를 현장에서 경험하거나 실험적인 연구, 경험과정이 된다.
④ 보육실습은 보육교사에 대한 준비교육 내지 훈련과정으로서는 최종적 단계이다.

보육실습의 목적은 궁극적으로 훌륭한 보육교사, 이상적인 보육교사를 만드는 것이다. 전문적인 보육이론을 기반으로 실제 보육현장에서 실천을 통하여 교사로서의 적성 여부를 재확인함과 동시에 교직의 전문성을 이해시키는 데 있다. 보육실습의 목적을 좀 더 구체적으로 살펴보면 다음과 같다.

① 강의시간이나 책을 통해 익힌 보육지식과 이론을 직접 적용해 보고 익숙하게 한다.
② 보육교사의 역할 수행에 필요한 제반 업무나 대인관계의 기술들을 체험해보게 한다.
③ 보육이론을 실제로 적용하는 데 있어서 나타나는 괴리와 문제점을 파악하고 인식하게 한다.
④ 단편적으로 익힌 지식과 기술을 통합적으로 재구성하여 보육활동 전반에 적절히 적용할 수 있는 능력을 갖게 한다.
⑤ 보육교사로서의 자신의 적성과 능력을 시험해 볼 수 있다.

보육실습생의 유의사항

1. 일반적 유의사항

1) 실습생은 보육 실습일에 앞서 실습기관을 방문하여 실습에 관여되는 여러 선생님의 사전 면접을 받는다.
2) 실습생은 교원 윤리강령 및 실습생의 윤리강령을 준수한다.
3) 보육실습의 의의와 목적 그리고 실습생의 위치 등을 명심하여야 한다.
4) 보육실습 기간 중에는 실습활동에 총력을 기울여야 한다.
5) 실습기관의 규정에 따라서 실습기관장 및 교사의 지도, 감독을 받는다.
6) 실습으로 인하여 정상적인 교육이나 그 분위기 조성에 장애가 되는 일이 없도록 노력한다.
7) 실습기관 교사에 준하여 근무한다.
8) 언어, 복장, 태도 등에 있어서 교사로서 부끄러움이 없도록 한다.
9) 어떠한 상황에 있어서나 실습생은 임의로 영유아에게 벌을 주지 않는다.
10) 해당 실습기관 기밀 및 영유아의 비밀을 누설치 않는다.
11) 실습 실습기관 교육 방침을 잘 이해하여 이에 위배됨이 없도록 한다.

2. 지도교사와의 관계

1) 실습생은 지도교사의 감독에 따라 영유아를 지도한다.
2) 지도교사는 실제현장에서의 고귀한 경험의 소유자이므로 존경하며 예의를 갖고 대하며 언제나 겸허한 마음으로 그의 지도를 성의껏 받아야 한다.
3) 지도교사의 인격을 존중하여야 한다.
4) 전문적 태도를 견지하고 불평이나 비건설적인 비평을 피하고 교사의 방침을 이해하려고 노력한다.
5) 만약 자기 견해가 지도교사와 다르고 그것의 토의가 꼭 필요하다고 느꼈을 때는 학생이라는 입장에서 자기의사를 개진하고 지도를 받아야 한다.
6) 지도교사의 허락 없이 사적으로 영유아들과 자유로이 외출하거나 그 가정을 방문하지 않는다.

3. 영유아와의 관계

1) 영유아들의 이름과 얼굴을 빨리 외우도록 한다.
2) 영유아에게 항상 최대한의 친절로 대하되 품위를 지킨다.

3) 영유아의 특성에 따른 개별적 지도도 잊지 말아야 한다.
4) 실습생 상호간의 언행을 조심하고 유아들에게 모범이 되도록 한다.

4. 보육실습생 근무요령

1) 출근은 실습기관 교직원보다 10~20분 먼저 하여 등원 즉시 출근부에 날인하고 직원실 및 담당교실의 정돈 상황을 점검한다.
2) 실습기관 직원에게는 누구에게나 빠짐없이 다정한 인사를 나눈다.
3) 실습반 교실의 정돈 상황을 점검한다.
4) 결근이 있어서는 안된다. 부득이한 경우에는 사전에 서면으로 제출하여 실습기관의 허락을 받는다.
5) 명확한 이유 없이 지각하는 일이 없도록 한다.
6) 조퇴, 외출을 하여야 할 일이 생겼을 경우도 사전에 서면으로 신고하여 허락을 받아야 한다.
7) 실습기관 영유아들이 지켜야 할 규칙은 솔선하여 준수한다.
8) 실습기관 시설, 비품 등을 사용하고자 할 경우에는 담당자의 허가를 받은 다음에 사용하며 사용한 후에는 분명하게 반환한다.
9) 자기가 담당한 일이나 교사 및 영유아와의 약속은 신속 정확하게 지켜야 한다.
10) 실습기관에서는 반드시 명찰을 달도록 한다.(앞치마 착용)
11) 실습일지는 매일매일 정성껏 기록하여 지도교사에게 제출한다.
12) 지도교사가 퇴근한 후에 실내 정돈 상황을 확인하고 퇴근한다.
13) 당직 근무를 받았을 때에는 당직자 근무수칙에 따라 근무한다.

실습일지 및 보육실습확인서 처리상황

1) 실습일지는 퇴근 시에 실습기관에 제출하고 지도교사 및 실습기관장의 결재를 받고 출근해서 다시 받는 것을 원칙으로 한다.
2) 실습이 끝나면 실습일지는 지도교사를 통해서 실습기관장의 허락을 받고 실습 완료 후 1주일 내에 담당 지도교수에게 제출하여야 한다.
3) 실습평가서, 보육실습확인서는 실습기관에서 처리하여 봉인된 상태로 실습생이 직접

사무실로 전달하거나 실습기관에서 직접 학교로 우편 발송한다(실습완료 후 1주일 내에).

* 보육실습확인서는 한부를 더 복사하여 2부를 동봉할 것(실습기관장 직인 찍은 상태).
* 학교 주소 : (-   )

4) 실습일지와 실습평가서, 보육실습확인서를 제출하지 않을 때는 실습을 하지 않은 것으로 간주한다. 따라서 보육실습 점수를 취득할 수 없다.

▪ 보육실습 일지 작성 방법

1) 정성을 들여 정자로 띄어쓰기와 맞춤법에 맞게 깨끗이 기록한다.
2) 지도교사의 지도하에 매일 기록하여 퇴근 시 지도교사를 거쳐 실습기관장에게 제출하고 다음날 출근하여 되돌려 받는다.
3) 실습생 소개서 및 실습 계획서는 성실하게 작성하여 사전실습 때나, 실습 첫날 일지를 제출할 때 같이 제출한다. 보육실습 신청서는 사전 실습이나 실습기관 사전 방문하여 작성 후 학교로 제출한다.
4) 보육실습 출근표를 떼어내어 실습기관에 제출하여 비치하고 출근과 함께 매일매일 날인한다.
5) 월간 또는 주간 계획안은 기관의 양식대로 지도교사에게 받아 작성하거나 사본을 첨부한다.
6) 보육일지 및 일지의 모든 사항을 성실하게 기록한다.
7) 해당란이 좁아서 충분히 기록하기 어려울 때는 첨지를 붙여 기록한다.
8) 영유아관찰기록은 지도교사의 허락을 받아 작성하고 실습기관에 제출하여 참고하도록 한다.
9) 부분수업 또는 종일수업 실시 전에는 반드시 교육계획안(활동계획안)을 작성하여 해당 교사의 지도를 받은 후에 수업에 임한다.
10) 협의 및 전달사항은 날짜를 적고 내용을 간략하고, 분명하게 정리 · 기록한다.

실 습 기 관 현 황

실습기관명		
소재지	주소	
	전화번호 / FAX	
기관 현황	설립년도	
	시설유형	
	설립목적	
	교육(보육)시간	
기관조직 및 기구편성현황	(예 : 이사회, 운영위원회 등)	
시설현황	1) 건물면적	㎡
	2) 건물구성	
기관환경	1) 원훈	
	2) 정　원 / 현원	/　　　　명
	3) 학급수	반
	4) 교사수 / 직원	명 /　　　　명
기타사항		

보 육 실 습 생 출 근 표

실습기관 :

실습기간 :

실 습 생 : ____________ (인)

	(/) 월	(/) 화	(/) 수	(/) 목	(/) 금
출근시간	시 분	시 분	시 분	시 분	시 분
퇴근시간	시 분	시 분	시 분	시 분	시 분
지도교사 확인					
	(/) 월	(/) 화	(/) 수	(/) 목	(/) 금
출근시간	시 분	시 분	시 분	시 분	시 분
퇴근시간	시 분	시 분	시 분	시 분	시 분
지도교사 확인					
	(/) 월	(/) 화	(/) 수	(/) 목	(/) 금
출근시간	시 분	시 분	시 분	시 분	시 분
퇴근시간	시 분	시 분	시 분	시 분	시 분
지도교사 확인					
	(/) 월	(/) 화	(/) 수	(/) 목	(/) 금
출근시간	시 분	시 분	시 분	시 분	시 분
퇴근시간	시 분	시 분	시 분	시 분	시 분
지도교사 확인					

지도교사 : ______________ (인)

보 육 실 습 계 획 표

주	월/일	요일	실습계획	주	월/일	요일	실습계획
1주		월		2주		월	
		화				화	
		수				수	
		목				목	
		금				금	
		토				토	

주	월/일	요일	실습계획	주	월/일	요일	실습계획
3주		월		4주		월	
		화				화	
		수				수	
		목				목	
		금				금	
		토				토	

* 연간계획안, 월간계획안, 일일계획안은 별첨 하시오.

활동실 배치도

(반명 :   연령 : 만   세)

주간 보육 계획안 1

* 실습기관에서 가정으로 보내는 월간, 주간 보육 계획안 및 각종 가정 통신문을 붙이시오.

주간 보육 계획안 2

* 실습기관에서 가정으로 보내는 월간, 주간 보육 계획안 및 각종 가정 통신문을 붙이시오.

주간 보육 계획안 3

* 실습기관에서 가정으로 보내는 월간, 주간 보육 계획안 및 각종 가정 통신문을 붙이시오.

주간 보육 계획안 4

* 실습기관에서 가정으로 보내는 월간, 주간 보육 계획안 및 각종 가정 통신문을 붙이시오.

월 간 식 단 표

* 실습기관에서 가정으로 보내는 월간 식단을 붙이거나 주간 식단을 쓰시오.

실습 담당 학급 아동현황

(반명 : 연령 : 만 세)

번호	아동명	성별	생년월일	형 제 관 계			출 생 순 위		
				남	여	계	첫째	중간	막내

실 습 내 용

NO.________

실습일	20 년 월 일 요일	확인	지도교사	시설장
교육 주제				

교육목표			
일 과	**교 육 활 동 내 용**	**진 행 과 정**	**준비물**

실습생의 일일 평가	지도교사 평가

아동 행동 관찰 1

반　　명 :　　　　　　　　　　　　　　　관 찰 자 :
관찰영유아(성별) :　　　　　(남, 여)　생년월일 :　　　년　　월　　일(만　　세)
관찰일시 :　　　년　　월　　일 (　시　분 ~　　시　분)
장　　면 :

관찰일시	관 찰 내 용	비 고

아동 행동 관찰 2

반 명 : 관 찰 자 :
관찰영유아(성별) : (남, 여) 생년월일 : 년 월 일(만 세)
관찰일시 : 년 월 일 (시 분 ~ 시 분)
장 면 :

관찰일시	관 찰 내 용	비 고

교재 교구 제작 계획안

주 제		연령	
활동명		활동의 유형	
교육과정 관련요소			
기대되는 효과			
교재교구 제작방법			
활용방법			
평 가			

실 습 후 전 체 소 감

보육실습을 통하여 배우고 느낀 점과 개선을 위한 건설적인 제안이나
건의사항을 적어 주세요!

20 년 월 일

________________대학(교) 성명 (인)

＿＿＿＿＿＿＿대학(교) ＿＿＿＿＿＿＿(학)과 실습생명 : ＿＿＿＿＿

실 습 평 가 서

못함 잘함

평 가 항 목	1	2	3	4	5
1. 교재교구연구를 면밀히 하였는가?					
2. 교육목표에 알맞은 교육계획을 세웠는가?					
3. 영유아의 흥미를 파악하고 교육계획 속에 반영하였는가?					
4. 치밀하면서도 융통성 있는 교육안을 작성하였는가?					
5. 매체를 적절히, 그리고 충분히 사용하였는가?					
6. 복장은 단정하며 열의를 가지고 준비하고 수업하였는가?					
7. 활동적이고 효과적인 수업을 전개하였는가?					
8. 순간적인 판단으로 융통성 있는 수업을 전개하였는가?					
9. 영유아의 개인차에 따라 지도하였는가?					
10. 언어가 명료하며, 고저, 장단, 속도의 변화가 적절하였는가?					
11. 적절한 방법으로 영유아를 평가하였는가?					
12. 평가결과를 잘 처리하여 다음번 교육에 도움을 주었는가?					
13. 실태조사와 영유아관찰의 결과를 활용하였는가?					
14. 영유아들과 적극적으로 상호작용을 하였는가?					
15. 교실의 통풍, 채광, 청소 등 위생환경에 유의하였는가?					
16. 교실 안과 밖의 정돈과 미화를 위해 노력하였는가?					
17. 각종 기록을 철저히 작성하고, 체계적으로 보관하였는가?					
18. 각종 연수, 연구 모임에 적극적으로 참여하였는가?					
19. 교사 및 동료들과 협력하는 관계를 가졌는가?					
20. 영유아를 좋아하고 영유아들도 실습생을 좋아하였는가?					
합 계					

▣ 종합평가

가. 총 점 : ＿＿＿＿＿＿ 점

나. 실습생의 장·단점 :

다. 통신란(학교에 대한 제의) :

실습지도교사 : ＿＿＿＿＿＿ (인)

* 본 실습평가서는 보육실습일지 전체를 등기 우편을 통해 학교로 보내주시거나, 절취 후 별도로 밀봉하여 우편 발송하거나 학생편에 보내 주십시오.

보 육 실 습 확 인 서

1. 실습 이수자 기본사항

이 름	주민등록번호	학교명	학과명	이수 교과목(학점)

2. 실습기관

실습기관명	시설종류	주 소	연락처

3. 실습 지도교사

이 름	자격 종류	자격번호

4. 실습 기간

실습기간	20 년 월 일 ~ 20 년 월 일(4 주간)
실습시간	총 160 시간 (매주 월요일 ~ 금요일까지, 1일 8 시간)

위 사람은 영유아보육법시행규칙 제12조제1항에 의한 보육실습을 충실히 이수하였음을 확인합니다.

년 월 일

시설장 (서명 또는 인)

학과장 (서명 또는 인)

※ 첨부서류
1. 실습기관 시설인가증 사본 1부
2. 실습 지도교사 자격증 사본 1부

※시설종류 : 보육시설, 종일제 유치원 중 선택
※자격종류 : 보육교사 1급, 유치원 정교사 1급 중 선택

실습생 소개서 및 실습 계획서

<table>
<tr><td>성 명</td><td colspan="3"></td><td>성 별</td><td></td><td rowspan="3">사진</td></tr>
<tr><td>주 소</td><td colspan="5">□□□-□□□</td></tr>
<tr><td>주민등록번호</td><td colspan="3"></td><td>E - mail</td><td></td></tr>
<tr><td>연락처(집)</td><td colspan="2"></td><td>휴대전화</td><td></td><td>종 교</td><td></td></tr>
<tr><td>생년월일</td><td colspan="6">서기 년 월 일생 (만)</td></tr>
<tr><td>소속대학</td><td colspan="6">대학(교) (학)과 년(학기)</td></tr>
<tr><td rowspan="3">학 력</td><td colspan="6">중학교 년 월 졸업</td></tr>
<tr><td colspan="6">고등학교 년 월 졸업</td></tr>
<tr><td colspan="6">대학(교) 년 월 졸업(예정)</td></tr>
<tr><td rowspan="2">경 력</td><td>기관명</td><td colspan="2"></td><td>근무기간</td><td colspan="2"></td></tr>
<tr><td>기관명</td><td colspan="2"></td><td>근무기간</td><td colspan="2"></td></tr>
<tr><td rowspan="7">가족사항</td><td>성 명</td><td>연령</td><td>성별</td><td>직 업</td><td>본인과의 관계</td><td>비 고</td></tr>
<tr><td></td><td></td><td></td><td></td><td></td><td></td></tr>
<tr><td></td><td></td><td></td><td></td><td></td><td></td></tr>
<tr><td></td><td></td><td></td><td></td><td></td><td></td></tr>
<tr><td></td><td></td><td></td><td></td><td></td><td></td></tr>
<tr><td></td><td></td><td></td><td></td><td></td><td></td></tr>
<tr><td></td><td></td><td></td><td></td><td></td><td></td></tr>
<tr><td>취 미</td><td colspan="6"></td></tr>
<tr><td>관심분야</td><td colspan="6"></td></tr>
<tr><td>실습기간
(예정)</td><td colspan="6">20 년 월 일 ~ 20 년 월 일</td></tr>
<tr><td>자기소개 및
실습계획</td><td colspan="6">(예비교사로서의 포부 및 실습기관에 드리고 싶은 말)</td></tr>
</table>

* 실습 신청 시 or 실습 첫날 실습기관에 제출합니다.

보육실습 신청서

<table>
<tr><td rowspan="3">신청자</td><td>성명</td><td></td></tr>
<tr><td>학번</td><td></td></tr>
<tr><td>이수과목</td><td></td></tr>
<tr><td rowspan="3">기관</td><td>기관명</td><td>__________ (실습지도 교사명 :)</td></tr>
<tr><td>기관유형</td><td>※ 실습예정 기관의 유형에 ○ 표 하세요.
국공립 / 민간 / 직장보육시설 / 가정보육시설 / 유치원(종일제)</td></tr>
<tr><td>기관규모</td><td>※실습예정 기관의 원아수와 반(Class) 수를 적으세요.
원아수 : 명 / 반(Class) 수 : 반</td></tr>
<tr><td rowspan="3">소재지</td><td>주소</td><td></td></tr>
<tr><td>전화번호</td><td>(Fax 번호 :)</td></tr>
<tr><td>기관홈페이지</td><td>http://</td></tr>
<tr><td rowspan="2">기관현황</td><td>설립년도</td><td></td></tr>
<tr><td>대표자/시설장</td><td></td></tr>
<tr><td colspan="2">실습기관 계좌번호</td><td></td></tr>
<tr><td>정해진
실습방법</td><td colspan="2">※ 보육실습을 위해 기관과 협의된 '실습일과 시간' 등에 대해 적으시오.</td></tr>
<tr><td>실습기관
선정 이유</td><td colspan="2">※ 위의 기관을 실습기관으로 선정하게 된 이유와 실습허가를 받게 되기까지의 과정을 서술하시면 됩니다.</td></tr>
</table>

대학(교) (학)과

* 실습기관 확정 후 학교로 제출합니다.

보육 실습비 영수증

실습 기관명 :

보육실습생명 :

실 습 기 간 :   ~

실　습　비 : 금 ______________ 원정(₩   )

본 ________ 어린이집(유치원)에서 실습비를 정히 영수합니다.

년　　　월　　　일

관인 ____________ 어린이집(유치원)　　　　(직인)

* 절취하여 실습평가서와 함께 학교로 보내주십시오.

참고문헌

김두범·김미경·김현희·최광희(2004). 영유아 보육 프로그램. 창지사.
김명순 외(2005). 표준보육과정 공청회. 여성가족부.
김정규·이광자(2000). 유아교육실습. 동문사.
김혜경·유희정(2004). 영유아프로그램. 창지사.
덕성여자대학부속유치원(2000). 유아교육과정의 운영 및 활동의 실제. 서울: 학지사.
류왕효(2005). 예비교사를 위한 보육실습. 도서출판 신정.
류진희(2001). 유아보육교사를 위한 교육실습과 교육활동. 양서원.
박낭자·백미열·윤희경·이정란·정수미·조인숙·조혜경·최경애·황혜경(2006). 보육실습의 이해. 창지사.
부산디지털대학교(2007). 보육실습일지. 부산디지털대학교.
삼성복지재단(2000). 보육시설 운영의 실제. 보건복지부.
삼성복지재단(2005). 영유아 프로그램 총론. 다음세대.
서영숙·천혜경·윤매자(2006). 보육실습. 학지사.
서울특별시(2005). 영아 보육프로그램. 서울특별시 인쇄정보산업협동조합.
서울특별시(2005). 유아 보육프로그램. 서울특별시 인쇄정보산업협동조합.
성원경(2003). 사전실습 내용 선정을 위한 기초연구. 한국유아교육학회 2003년 정기총회 및 학술대회 자료집.
양승희·권세경·황혜경(2002). 영유아 관찰 및 평가. 상조사.
여성부(2007). 보육실습 세부기준. 여성가족부.
여성부(2005). 표준보육과정. 여성부.
윤기영·배소연·조부경(1997). 유아교사를 위한 교육실습 연구. 창지사.
윤기영·정현숙(1998). 유아교육실습. 양서원.
윤애희·이경희·임은숙·임채식·정정옥·주영은(2004). 보육에 대한 이해와 실습. 교육아카데미.
윤혜경(2003). 보육실습. 동문사.
윤희경·신혜영·임미혜·김애옥·나은숙·이분려·장미아(2006). 발달에 적합한 영유아교육과정. 양서원.
이선경·이은경(2007). 보육실습. 창지사.
이소희·이숙희·이정혜·장명림·도미향(1998). 보육실습. 양지사.
이소희(2000). 보육실습. 양서원.
이은화·배소연·조부경(1995). 유아교사론. 양서원.
이춘희·나유미(1998). 참관실습에 대한 실습지도 교사의 인식과 역할 수행. 열린유아교육연구. 3(2), 297-316.
이현중(2002). 유아교육 예비교사가 교육실습과정에서 느끼는 갈등 연구. 한국교원

대학교 교육대학원 석사학위청구논문.
임승렬 · 김선희(2006). 보육실습. 형설출판사.
전남련(2002). 보육 실습의 실제. 형설출판사.
정인승 외(1980). 한국어대사전. 현문사.
지성애(1998). "보육시설장과 보육교사의 전문성에 대한 질적 평가", 한국보육사업의 평가와 그 대안. 한국영유아보육학회.
최경애 · 오애순(1999). 어린이집에서의 보육실습 내용 연구. 덕성여대학생생활연구, 14(1).19-40.
한국교사교육연구회(1984). 한국교사교육. 교육과학사.
현정완(2003). 보육실습이 예비보육교사의 보육효능감에 미치는 영향. 아동학회지, 24(6). 117-131.

Balsco, P.M.(2001). *Early intervention services for infants, toddler, and their families*. Boston: Allyn and Bacon.
Becher, R. M. & Ade, W.(1982). The relationship of field placement characteristics and students' potential field performance abilities to clinical experience performance ratings. *Journal of Teacher Education*, 33(2). 24-31.
Carter, K. & Richardson, V.(1989). A curriculum for an initial-year-of-teaching program. *The Elementary School Journal*, 89(4), 405~419
Carter, K.(1988) Conveying classroom knowledge througn cases : A proposal for framing mentor/novice conversations about teaching. *Theory into Practice*, 27(3), 214~222.
Cochran, M.(1990) Reinventing student teaching. *Journal of Teacher Education*, 42(2), 104~118.
Feiman-Nemser, S. & Buchmann, M.(1986) *Pitfalls of experience in teacher preparation*. In J. D. Raths & L. G. Katz(eds.) Advances in teacher education. Norwood, NJ: Ablex.
Feiman-Nemser, S.(1990) & Teacher preparation: Structural and conceptual alternatives. In. W. Houston(ed.), Handbook of research on teacher education N . Y: Macmillan.
Forder, A.(1984). *Concept of Social Administration*, New York : Loufiedge Press, p.96.
Guyton, Z. McIntyre, D. J.(1990) Student teaching and school experiences. In. W. R. Houston(ed.), Handbook research on teacher education N. Y: Macmillan.
Katz, L. G. (1984). *The education of preprimary teacher*. InL. G. Katz(Ed),

Current Topics Early Childhood Education, Norwood, NJ: Adlex.

Kostelnik, M. S.(1997). 배우면서 자라는 공간: 유아교육을 위한 실내환경. 삼성복지재단 제5회 국제 학술대회 자료집. 삼성복지재단.

Pultorak, E. G.(1993) Facilitating reflective thought in novice teacher. *Journal of Teacher Education*, 4494), 288~296.

Reiman, A. J. & Thies-Sprinthall, L. Mentoring and supervision for teacher development. N.Y ; Longman, Inc.

Spodek, B & Saracho, O. N. (1990). *Professionalism in early childhood education*. In B. Spodek, & O. N. Saracho, D. L. Peters(eds .), Professionalism and the early childhood practitoner. New York : Teachers College Press.

Stephanic Feency & Nancy(1999). *Ethics and Early Childbood Educator. Using The NAEYC Code*. Washington D.C: NAEYC.

Trawick-Smith, J.(2001). 놀이지도 : 아이들을 사로잡는 상호작용. 송혜린 외 역. 다음세대.

찾아보기

저자소개

김영희
일본 大正대학 사회복지학과 졸업
淑德대학 대학원 사회복지학 박사과정 수료
明星대학 대학원 교육학 박사학위 취득
현재 동남보건대학 보육과 교수

장문규
성균관대학교 보육경영전공 보육학 석사
인하대학교 아동복지학 박사과정
현재 새빛어린이집 시설장
수원여자대학, 동남보건대학, 세계사이버대학, 한성대 보육교사교육원 강사

윤정란
성균관대학교 보육경영전공 보육학 석사
성균관대학교 인재개발학(아동청소년전공) 박사과정
현재 종로구립 승인어린이집 원장, 한성대 보육교사교육원 강사

보육실습의 이해와 실제

2008년 9월 5일 초판 인쇄
2008년 9월 10일 초판 발행

지은이 김영희 · 장문규 · 윤정란
펴낸이 류제동
펴낸곳 (주)교문사

경기도 파주시 교하읍 문발리 파주출판도시 536-2
전화 031-955-6111 팩스 031-955-0955
등록 1960. 10. 28. 제 406-2006-000035호

www.kyomunsa.co.kr
E-mail webmaster@kyomunsa.co.kr
ISBN 978-89-363-0947-3(93370)

값 12,000원

*잘못된 책은 바꿔 드립니다.